CLASSIQUES & CIE
BTS

Le sport, miroir de notre société ?

Anthologie

Hélène Sabbah
agrégée de lettres classiques

Hatier

CHAPITRE I

LE SPORT, DÉFINITIONS ET COMPOSANTES

ISBN 978-2-218-95435-1

CHAPITRE IV

SPORT ET VIOLENCE

CHAPITRE V

SPORT, POLITIQUE ET IDÉOLOGIE

■ Sport et pouvoir politique

■ Sport et intégration

CHAPITRE VI

PERSPECTIVES NOUVELLES

Sport et recherche du risque

Sport et développement durable

Pour analyser le document : après chaque document
Thèmes de réflexion, d'exposé ou de débat : après certains documents
Pour s'exercer à la synthèse : à la fin de chaque sous-partie

FICHES MÉTHODE

AVANT-PROPOS

L'épreuve de culture générale et expression au BTS, en seconde année de STS, prend appui sur **deux thèmes** imposés, qui changent tous les deux ans.

L'anthologie intitulée ***Le sport, miroir de notre société?*** regroupe des documents écrits et des documents iconographiques correspondant au thème des années scolaires 2011-2012 et 2012-2013. Ce recueil comporte des **extraits littéraires**, des documents tirés d'**essais et de revues sociologiques**, des textes de **presse**, des données chiffrées. Les images, dont la plus grande partie est rassemblée dans un **encart couleur**, sont des reproductions d'**œuvres d'art**, des **photographies**, des **dessins** de presse, des **affiches** publicitaires ou cinématographiques.

L'ouvrage comporte **six chapitres**. Chacun commence par une présentation. Certains se trouvent subdivisés en deux ou trois parties correspondant chacune à un sous-thème.

Chaque document est précédé d'un **chapeau** de présentation qui le situe, et suivi de notes explicatives. Deux ou trois **questions** guident la lecture et l'identification des idées essentielles. Certains documents sont précisés par des informations données dans un bref **encadré**. Des thèmes de **réflexion**, d'exposé ou de débat élargissent l'étude. En fin de chapitre, une rubrique « **Pour s'entraîner à la synthèse** » propose des regroupements de documents.

L'ensemble est complété en fin d'ouvrage par des propositions de **sujets d'examen** et par une série de « **Fiches méthode** ». Ces fiches récapitulent des savoirs utiles à l'analyse des documents.

HÉLÈNE SABBAH

ÉPREUVES • PROGRAMME
CULTURE ET EXPRESSION EN STS

Les précisions qui suivent, et qui concernent les épreuves du BTS en **Culture générale et expression,** sont extraites du *Bulletin officiel* n° 47 du 21 décembre 2006. Le *Bulletin officiel* n° 6 du 10 février 2011 présente le nouveau thème inscrit au programme pour les années scolaires 2011-2012 et 2012-2013.

L'ÉPREUVE DE CULTURE GÉNÉRALE ET EXPRESSION

Se trouve définie ici – à travers ses objectifs et sa forme – l'épreuve dite « d'évaluation ponctuelle », épreuve écrite qui se déroule en quatre heures.

> L'objectif fixé est de certifier l'aptitude des candidats à communiquer avec efficacité dans la vie courante et dans la vie professionnelle. L'évaluation sert donc à vérifier les capacités du candidat à : tirer parti des documents lus dans l'année et de la réflexion menée en cours ; rendre compte d'une culture acquise en cours de formation ; apprécier un message ou une situation ; communiquer par écrit ou oralement ; appréhender un message ; réaliser un message.
>
> On propose trois à quatre documents de nature différente (textes littéraires, textes non littéraires, documents iconographiques, tableaux statistiques, etc.) choisis en référence à l'un des deux thèmes inscrits au programme de la deuxième année de STS. Chacun d'eux est daté et situé dans son contexte.
>
> **Première partie : synthèse** (notée sur 40). Le candidat rédige une synthèse objective en confrontant les documents fournis.
>
> **Deuxième partie : écriture personnelle** (notée sur 20). Le candidat répond de manière argumentée à une question relative aux documents proposés. La question posée invite à confronter

les documents proposés en synthèse et les études de documents menées dans l'année en cours de « Culture générale et expression ». La note globale est ramenée à une note sur 20 points.

LE NOUVEAU THÈME DE 2012-2013

Le programme officiel de l'examen comporte deux thèmes dont chacun reste deux ans, mais avec un décalage d'un an. Il y a donc un nouveau thème chaque année. Le nouveau thème pour les années scolaires 2011-2012 et 2012-2013 est « **Le sport, miroir de notre société ?** ». L'indication de ce thème est accompagnée, dans le *Bulletin officiel* n° 6 du 10 février 2011, d'une problématique, d'une bibliographie et d'une liste de mots-clés. Nous reprenons ici la problématique et les mots-clés.

Problématique

Le sport dans les sociétés contemporaines structure une part importante de la vie publique.

Créateur d'événements, il occasionne des rassemblements de masse et des manifestations qui rythment le temps collectif. Depuis le début du XXe siècle, le sport est passé d'une pratique personnelle relevant du domaine des loisirs à un phénomène social d'une ampleur considérable en raison de l'engouement collectif (avec ou sans pratique sportive) qu'il suscite.

Le sport permet la manifestation de passions individuelles et collectives ; il provoque chez les spectateurs des réactions de ferveur qui ne sont pas sans rappeler la fonction dionysiaque des festivités rituelles dans l'Antiquité. Le besoin de se réjouir ensemble, d'éprouver ensemble espoir et déception, de se sentir associé à une aventure collective, fédère un très large public au-delà même des supporters, compensant peut-être ainsi le recul des grandes fêtes religieuses du passé qui réunissaient périodiquement les communautés.

Le sport est révélateur des règles et des modèles qu'une société essaie de se donner. Il procure des activités pratiquées dans le monde entier selon des règles identiques pour tous : il apparaît comme un vecteur d'intégration sociale en permettant à chacun de réussir selon ses talents personnels et crée des liens pacifiques entre les pays lors de compétitions qui suscitent un intérêt planétaire. Lieu d'apprentissage de la vie en société, mais aussi échappatoire possible aux pesanteurs sociales, lieu de réintégration, le sport offre des modèles physiques, façonne des modes vestimentaires, et influence fortement notre rapport à l'apparence et au corps. Il fait émerger des figures de héros, d'idoles et d'aventuriers qui modèlent également notre représentation d'un certain idéal : goût de l'effort, maîtrise de soi, engagement, esprit d'équipe, valeurs traditionnelles de l'olympisme.

Néanmoins le sport nous renvoie l'image de certaines dérives. Enjeu d'intérêts économiques majeurs, le sport peut faire prévaloir le goût du spectacle sur toute autre finalité, au point d'ouvrir la porte à des tricheries diverses. Lieu de rassemblement, il peut aussi devenir lieu de débordements identitaires dégénérant en violence ouverte. Lieu de manifestation d'un enjeu national, le sport peut devenir nationaliste et être instrumentalisé par les pouvoirs politiques et économiques de tous bords. Domaine de recherche et d'innovation, il peut conduire vers la manipulation des corps pour améliorer artificiellement les performances. Enfin, l'engagement physique lui-même peut être remis en cause par la multiplication des sports virtuels.

Les débats actuels sur le sport offrent un reflet de nos espoirs et de nos peurs quant à l'avenir de notre société. Doit-on craindre que les problèmes rencontrés (relation à l'argent, dopage, violence, vedettariat douteux, etc.) révèlent la perte des valeurs sociales ou peut-on continuer de voir dans le sport une des formes positives que peuvent prendre les rapports humains ?

Mots clés

- Culture physique, hygiène, santé, plein air.
- Modes, canons, normes, règles, arbitrages, sanctions, victoire, élimination.
- Équipe, intégration, club, fédération, supporters, coach, transfert, professionnel, amateur.
- Fair-play, olympisme, esprit d'équipe.
- Entraînement, effort, performance, dépassement, émulation, recherche, innovation.
- Politique sportive, économie du sport, infrastructure sportive, idéologie.
- Événement collectif, foule, masse, liesse populaire, spectacle, liesse, rituels, héros, idoles, vedettariat.
- Console de jeux, jeux vidéo, jeux virtuels.

PRÉSENTATION DU THÈME

LE SPORT, MIROIR DE NOTRE SOCIÉTÉ ?

■ AUX ORIGINES DU SPORT, UNE PHILOSOPHIE HUMANISTE ET UTOPIQUE

Le sport est une activité de loisir ou professionnelle, qui se pratique de manière individuelle ou collective. Cette activité, qui met en jeu des capacités physiques, mais aussi ce que les sportifs appellent le « mental », est régie par des règlements de nature différente. Il y a en effet les règles du jeu, qu'aucun joueur ne doit transgresser, et qui relèvent de la définition de chaque sport. Il y a aussi des règles morales, véritables lois non écrites, qui rejoignent les impératifs de la vie sociale : tolérance, respect de l'autre, refus de la tricherie et du mensonge, acceptation des décisions arbitrales. Cette activité donne lieu à des compétitions locales, nationales et internationales, qui nécessitent une organisation importante et précise, des infrastructures appropriées et tout un personnel pour en assurer le bon fonctionnement. Il existe ainsi toute une économie du sport, univers codifié et hiérarchisé.

Les compétitions, fondement d'un classement qui met en concurrence les individus, les équipes et les nations, constituent de véritables spectacles au cours desquels s'affrontent les sportifs, ces nouveaux héros du monde moderne, dieux du stade dont les médias enregistrent, diffusent et commentent les exploits surhumains.

Admirés pour leurs extraordinaires talents, acteurs de représentations planétaires, ces sportifs sont récompensés, célébrés, et pris comme modèles d'une réussite théoriquement ouverte à tous ceux – sans appartenance sociale particulière – qui sont capables d'un effort constant, sans découragement ni velléité d'abandon. Il leur incombe la responsabilité d'être des exemples pour les plus jeunes et de faire du sport cette école de loyauté, courage et persévérance que rappelle la *Charte de l'Olympisme*. Ainsi se définit l'esprit olympique, tel que le souhaitait Pierre de Coubertin en restaurant les jeux de l'Antiquité : une véritable philosophie humaniste, généreuse et utopique.

UNE RÉALITÉ DIFFÉRENTE

Mais la réalité présente bien des différences par rapport à ce tableau idyllique. Il apparaît en effet que le domaine du sport offre de nombreuses similitudes avec la vie sociale. Il partage avec elle l'existence de lois et de sanctions contre ceux qui sont tentés de les enfreindre. Comme elle, il souffre de maux inhérents aux collectivités : violence, injustice, intolérance, racisme, entorse aux règlements, tricheries diverses, instrumentalisation par le pouvoir politique, dopage. L'idéologie du « toujours plus » inscrite dans la devise olympique, « *Citius, Altius, Fortius*[1] », rejoignant une forme de « darwinisme social », est considérée comme une incitation au dépassement, lui-même interprété, quelles qu'en soient les formes, comme un progrès sans fin. Ainsi se trouve justifiée la recherche effrénée, et à tout prix, de la performance qui repousse les limites et donne à l'homme sportif, qui est un être humain et fini, le sentiment quasi sacré d'accéder au domaine de l'infinitude. Le sport est un monde de paradoxes. Et dans ce contexte, où se rejoignent les principes de l'économie libérale et les ambitions des athlètes, se multiplient les dévoiements qui interrogent sur les fonctionnements de notre société et sur les différentes formes de déshumanisation qu'entraîne la lutte pour la réussite. Il est difficile de dire dans quelle mesure les ressemblances observées entre le sport et la société relèvent d'une simple coexistence. Analyser ces relations devrait nous permettre de mesurer en quoi l'un de ces deux mondes peut être le reflet – accentué ou atténué – de l'autre.

1. « Plus vite, plus haut, plus fort. »

CHAPITRE I
LE SPORT, DÉFINITIONS ET COMPOSANTES

Pour analyser le document : après chaque document
Thèmes de réflexion, d'exposé ou de débat : après certains documents
Pour s'exercer à la synthèse : à la fin de chaque chapitre

« Le spectacle sportif offre l'image idéalisée et embellie qu'une société souhaite se donner d'elle-même. »

PASCAL DURET, *Sociologie du sport* (2008). © PUF.

Sport, hommes et dieux. Dans l'**Antiquité** grecque, déjà, et sans doute bien avant, le sport jouait un rôle important dans la vie des hommes, accompagnant ou créant des événements fédérateurs. Ainsi dans l'épopée attribuée à Homère, l'*Iliade* (→ DOCUMENT 2, p. 16), durant la guerre de Troie, des cérémonies funèbres sont l'occasion d'une course de char où s'affrontent des sportifs qui sont aussi des guerriers, et où le hasard prend la forme d'une intervention des dieux. Certaines caractéristiques du sport se révèlent ainsi : importance de la **compétition** qui permet aux athlètes de se mesurer, **dimension religieuse** et rituelle de la confrontation, recherche du **spectaculaire**, mise en jeu de capacités physiques, réactions affectives visibles, suspens... L'aide divine inattendue et matérielle (chute du fouet, rupture du joug) signale aussi l'existence de **fraude** et donc la possibilité d'utiliser la tricherie pour gagner.

Sport, éducation et société. Si à Athènes et dans d'autres cités antiques le sport fait partie de la **vie sociale** et de l'éducation du citoyen, il faut attendre la Renaissance pour que l'exercice physique fasse de nouveau partie d'un **programme éducatif**, celui des **humanistes**, que prône en particulier Rabelais dans *Gargantua*.

Subissant régulièrement des éclipses, le sport, oublié pendant deux siècles, revient à la mode avec les théories des hygiénistes, au XIXe siècle (→ DOCUMENT 8, p. 31), et prend dès lors la double importance qu'on lui connaît : **compétitions** nationales et internationales pour les uns, avec tout ce que cela comporte d'organisation, de financement, d'équipements et d'infrastructures, **passe-temps** et loisir pour d'autres, qui l'associent à la recherche du bien-être, de la santé, de la longévité et de l'apparence physique : le sport maintient en forme, ce qui explique le succès des innombrables clubs de « fitness » et le nombre croissant de joggeurs.

À travers ces différentes images et conceptions de la pratique sportive, à travers certaines caractéristiques **contradictoires** du sport (→ DOCUMENT 7, p. 29), le fil conducteur semble bien être le souci de maintenir un équilibre entre ce qui relève de l'esprit et ce qui relève du corps : le dépassement de soi inhérent à tout sport est en quelque sorte la quête d'une harmonie entre les composantes de la **dualité humaine**.

DOCUMENT 1

DÉFINITIONS DE DICTIONNAIRES

■ Définitions du mot « sport »

Dictionnaire Littré (1863-1873)

Sport : mot anglais employé pour désigner tout exercice de plein air, tel que course de chevaux, canotage, chasse à courre, à tir, pêche, tir à l'arc, gymnastique, escrime, etc. En France, on confond souvent le sport et le turf, mais le turf n'est qu'une espèce de sport.

Dictionnaire Robert en onze volumes (1981)

Sport : activité physique exercée dans le sens du jeu, de la lutte et de l'effort, et dont la pratique suppose un entraînement méthodique, le respect de certaines règles et disciplines.

Le mot est apparu en France en 1828, mais il vient de l'ancien français *desport* qui signifie « amusement ».

Dictionnaire Trésor de la langue française (TLF, XXe siècle)

Sport : activité physique, le plus souvent en plein air et nécessitant généralement un entraînement, qui s'exerce sous forme de jeu ou de compétition suivant des règles déterminées.

Le mot désigne aussi la forme spécifique que prend cette activité physique, considérée comme une discipline autonome ayant ses règles, son organisation, son entraînement, ses codes et ses valeurs.

Dictionnaire Petit Larousse (2010)

Sport : (mot anglais, de l'ancien français *desport*, « amusement »). Ensemble des exercices physiques se présentant sous forme de jeux individuels ou collectifs, pouvant donner lieu à compétitions, et pratiqués en observant certaines règles ; chacune des formes particulières de ces exercices.

Définition de l'Union européenne (Conseil européen de Nice, décembre 2000)

Le sport est une activité humaine qui repose sur des valeurs sociales éducatives et culturelles essentielles. Il est un facteur d'insertion, de participation à la vie sociale, de tolérance, d'acceptation des différences et de respect des règles.

Définitions du mot « société »

Dictionnaire Littré (1863-1873)

Société : réunion d'hommes ayant même origine, mêmes usages, mêmes lois.

Dictionnaire Robert en onze volumes (1981)

Société : ensemble des individus entre lesquels existent des rapports durables et organisés, le plus souvent établis en institutions, et garantis par des sanctions.

Tout groupe social important ou non, permanent ou non, organisé ou spontané.

Dictionnaire Trésor de la langue française (TLF, XXe siècle)

Société : état de vie collective, mode d'existence caractérisé par la vie en groupe ; milieu dans lequel se développent la culture et la civilisation.

Dictionnaire Petit Larousse (2010)

Société : mode de vie propre à l'homme et à certains animaux caractérisé par une association organisée d'individus en vue de l'intérêt général.

Ensemble d'individus vivant en groupe organisé ; milieu humain dans lequel quelqu'un vit, caractérisé par ses institutions, ses lois, ses règles.

Pour analyser le document

1. Regroupez les termes communs aux différentes définitions du mot « sport » pour en faire une synthèse. Repérez ensuite les éléments nouveaux qui apparaissent dans la dernière définition et dites quelles relations ces éléments entretiennent avec les définitions précédentes.

2. Donnez une définition du mot « société » qui regroupe les caractéristiques figurant dans les définitions des dictionnaires.

3. Sport et société : qu'ont en commun ces deux domaines, selon leurs définitions ? Qu'est-ce qui les sépare cependant ?

DOCUMENT 2

POÉSIE

HOMÈRE (VIIIe siècle avant J.-C.), l'***Iliade***, chant XXIII, traduction de Victor Bérard (1955), Bibliothèque de la Pléiade. © Éditions Gallimard.

*L'*Iliade *raconte, sur un mode épique, la guerre opposant Grecs et Troyens. À la fin du récit, la mort de Patrocle, ami d'Achille, est l'occasion de jeux funèbres au cours desquels s'affrontent les guerriers. Ces jeux rituels peuvent être vus comme les précurseurs des Jeux Olympiques.*

Sur leurs chevaux ensemble ils lèvent le fouet, les frappent de leurs rênes, et, de la voix, avec ardeur ils les stimulent. Rapides, les coursiers s'éloignent des vaisseaux et dévorent la plaine. Sous leur poitrail jaillit et monte la poussière, à la façon d'une nuée ou d'une trombe. Sous le souffle du vent leurs crinières voltigent. Vers le sol nourricier tantôt les chars s'abaissent, et tantôt dans les airs on les voit qui bondissent. Les cochers sont debout, droits sur les plates-formes, et le cœur de chacun palpite du désir d'emporter la victoire. Tous avec de grands cris excitent leurs chevaux, qui volent dans la plaine à travers la poussière.

Mais voici le moment où les coursiers rapides reviennent vers la mer à la fin de la course : c'est alors qu'apparaît la valeur de chacun, quand les chevaux soudain allongent la foulée. Les juments d'Eumélos[1], petit-fils de Phérès, filent droit vers le but. Derrière elles aussi filent les deux chevaux que conduit Diomède[2], les étalons de Trôs[2], et c'est bien de tout près, non de loin, qu'ils les suivent : sans cesse on croit qu'ils vont escalader le char, et le dos d'Eumélos et ses larges épaules sont chauffés par leur souffle, car ils volent en le touchant avec leurs têtes.

Alors le Tydéide[3] aurait passé devant, ou du moins eût rendu la victoire douteuse, si Phoebos[4] contre lui ne s'était irrité : il fait choir de ses mains le fouet éclatant. Des larmes de dépit coulent des yeux du preux[5], car il voit les juments accélérer encore, tandis que ses chevaux courent sans aiguillon et perdent du terrain.

Mais Pallas Athéna[6] s'aperçoit qu'Apollon vient de causer du tort par fraude au Tydéide. À l'instant elle accourt vers le pasteur de troupes, lui remet un fouet et fait croître la fougue au cœur de ses chevaux. Puis vers le fils d'Admète[1], irritée, elle vient et lui brise le joug qui tient son attelage. Aussitôt ses juments, chacune d'un côté de la piste, s'écartent ; le timon glisse à terre ; Eumélos roule à bas du char contre une roue ; il s'écorche le coude et la bouche et le nez ; il se blesse le front au-dessus des sourcils. Les pleurs voilent ses yeux, sa voix forte défaille.

Le Tydéide alors l'évite et le dépasse. Ses robustes chevaux devancent de beaucoup les autres attelages. À ses coursiers Pallas communique l'ardeur et lui donne la gloire.

1. Eumélos est le fils d'Admète.
2. Diomède et Trôs sont des héros combattants de la guerre de Troie.
3. Le mot Tydéide désigne Diomède.
4. Phoebos est Apollon.
5. Vaillant combattant.
6. Déesse de la sagesse.

Pour analyser le document

1. Expliquez en quoi ce récit constitue un véritable compte rendu sportif. À quoi le narrateur est-il particulièrement sensible ? Que met-il en relief dans les deux premiers paragraphes ?

2. À partir du troisième paragraphe du texte, quelle intervention vient modifier la course ? Que crée cette intervention ? Que symbolise-t-elle ?

3. Que révèle ce récit concernant les enjeux de la compétition et le comportement des participants ? Quelle réaction de certains concurrents peut paraître étonnante ?

> **Pierre de Coubertin (1863-1937)**
>
> Le baron Pierre de Coubertin est un aristocrate français, admirateur de l'Angleterre et de l'importance que ce pays accorde aux sports à son époque. Passionné de pédagogie et convaincu des bienfaits de la pratique sportive, adepte du sport pour tous et persuadé en particulier de sa valeur comme préparation à la vie, cet éducateur, auteur de plusieurs ouvrages, est à l'origine de la restauration des Jeux Olympiques de l'Antiquité. Sa proposition officielle de les remettre à l'honneur, faite lors d'une conférence internationale, date de 1892 et prend forme en 1894.

DOCUMENT 3

TEXTE INSTITUTIONNEL

Charte de l'Olympisme (1894).

Conçue et rédigée au moment de la restauration des Jeux Olympiques par Pierre de Coubertin, la Charte de l'Olympisme *définit ce que doit être l'esprit des Jeux en tant que philosophie de la vie.*

1. L'Olympisme est une philosophie de vie, exaltant et combinant en un ensemble équilibré les qualités du corps, de la volonté et de l'esprit. Alliant le sport à la culture et à l'éducation, l'Olympisme se veut créateur d'un style de vie fondé sur la joie dans l'effort, la

valeur éducative du bon exemple et le respect des principes éthiques fondamentaux universels.

2. Le but de l'Olympisme est de mettre le sport au service du développement harmonieux de l'homme en vue de promouvoir une société pacifique, soucieuse de préserver la dignité humaine.

3. Le Mouvement olympique est l'action concertée, organisée, universelle et permanente, exercée sous l'autorité suprême du CIO[1], de tous les individus et entités[2] inspirés par les valeurs de l'Olympisme. Elle s'étend aux cinq continents. Elle atteint son point culminant lors du rassemblement des athlètes du monde au grand festival du sport que sont les Jeux Olympiques. Son symbole est constitué de cinq anneaux entrelacés.

4. La pratique du sport est un droit de l'homme. Chaque individu doit avoir la possibilité de faire du sport sans discrimination d'aucune sorte et dans l'esprit olympique, qui exige la compréhension mutuelle, l'esprit d'amitié, de solidarité et de fair-play. L'organisation, l'administration et la gestion du sport doivent être contrôlées par des organisations sportives indépendantes.

5. Toute forme de discrimination à l'égard d'un pays ou d'une personne fondée sur des considérations de race, de religion, de politique, de sexe ou autres est incompatible avec l'appartenance au Mouvement olympique.

6. L'appartenance au Mouvement olympique exige le respect de la Charte olympique et la reconnaissance par le CIO.

1. Comité international olympique.
2. Organisation, organisme.

Pour analyser le document

1. À partir du document, établissez la liste des qualités que l'Olympisme exige et qu'il vise à développer tant sur le plan individuel que sur le plan collectif.

2. Récapitulez ce que cette Charte refuse et précisez sur quel droit elle se fonde.

3. En quoi les recommandations de la Charte recoupent-elles certains impératifs de la vie en société ?

Thème de réflexion, d'exposé ou de débat

La *Charte de l'Olympisme* évoque les « *principes éthiques fondamentaux universels* » : sous forme de rapide exposé, expliquez ce que recouvre cette expression.

Le Comité international olympique (CIO)

Il est créé en 1896 et c'est Pierre de Coubertin qui le préside jusqu'en 1925. Ce comité organise, en 1896, les premiers Jeux de l'époque moderne, symboliquement situés à Athènes et dont la devise est « *Citius, Altius, Fortius* » (plus vite, plus haut, plus fort).

L'idéal des Jeux repose, pour leur créateur, sur une compétition entre les nations, avec une volonté de loyauté, de fair-play, de courage et de dépassement de soi, comme en témoigne la *Charte de l'Olympisme* (→ p. 18) qui définit l'esprit olympique comme une philosophie profondément humaniste.

Actuellement, le CIO est toujours l'autorité suprême du mouvement olympique et de l'organisation des Jeux. Il regroupe les comités olympiques nationaux. Sa mission consiste à promouvoir, soutenir et encourager les initiatives sportives en faisant respecter l'éthique du sport, en refusant la violence et en s'opposant à toute exploitation politique du sport et des athlètes. Le CIO choisit les villes où auront lieu les Jeux et veille à leur bon déroulement.

DOCUMENT 4

PHOTOGRAPHIE

L'arrivée du premier Tour de France (19 juillet 1903). Ph © Rue des Archives/RDA.

1903 est l'année du premier Tour de France, une épreuve sportive difficile. La photographie montre certaines caractéristiques de la scène d'arrivée.

Pour analyser le document

1. Énumérez ce que vous voyez sur la photographie et trouvez plusieurs adjectifs pour caractériser la scène, les « personnages », leurs attitudes.

2. Épreuve sportive, époque et société : quelles relations l'image fait-elle naître entre ces trois notions ?

DOCUMENT 5

ARTICLE DE PRESSE

ALBERT LONDRES (1884-1932), ***Les Forçats de la route*** (articles parus dans *Le Petit Parisien* du 22 juin au 20 juillet 1924).

Journaliste célèbre par la qualité de ses reportages et par le prix qui porte son nom, Albert Londres a suivi le Tour de France de 1924 pour le journal Le Petit Parisien. *Ses articles constituent un récit qui a pour titre* Les Forçats de la route *et qui montre une course cycliste bien différente de celle de notre époque.*

Le Havre, 22 juin 1924

Hier, ils dînaient encore à onze heures et demie du soir, dans un restaurant de la porte Maillot ; on aurait juré une fête vénitienne car ces hommes, avec leurs maillots bariolés, ressemblaient de loin à des lampions.

Puis ils burent un dernier coup. Cela fait, ils se levèrent et voulurent sortir, mais la foule les porta en triomphe. Il s'agit des coureurs cyclistes partant pour le Tour de France.

Pour mon compte, je pris, à une heure du matin, le chemin d'Argenteuil[1]. Des « messieurs » et des « dames » pédalaient dans la nuit ; je n'aurais jamais supposé qu'il y eût tant de bicyclettes dans le département de la Seine.

1. Communes situées au nord de la banlieue parisienne.

Comme le tram « 63 » voulait faire son métier de tram, c'est-à-dire conduire sa clientèle à Bezons-Grand-Cerf[1], les « messieurs » et les « dames » l'arrêtèrent, en lui criant :

– Place ! Ils arrivent !

Les coureurs arrivaient en effet : ils se rendaient à Argenteuil pour prendre le départ.

Bientôt, la banlieue s'anima : les fenêtres étaient agrémentées de spectateurs en toilette de nuit, les carrefours grouillaient d'impatients, de vieilles dames, qui d'ordinaire doivent se coucher avec le soleil, attendaient devant leur porte, assises sur des chaises, et si je ne vis pas d'enfants à la mamelle, c'est certainement que la nuit me les cachait.

– Regarde ces cuisses ! criait la foule, ça c'est des cuisses !

Les coureurs arrivèrent dans un sous-bois ; là, on attendit une heure.

– Est-ce qu'on part ? demanda l'un, très en colère.

Mais un autre :

– À quoi bon s'énerver ?

Un commissaire fit l'appel des cent cinquante-sept noms. Les Français répondaient : « Présent », les Italiens : « Presente ».

Et ce que les Flamands disaient, je ne l'ai pas compris.

Alors, le commissaire lâcha :

– Allez !

De la foule, une petite voix de femme cria :

– Bonne chance, Tiberghien !

Et cent cinquante-sept hommes prirent la route.

Un quart d'heure plus tard, j'aperçus le numéro 223 qui changeait un pneu sur un trottoir. C'était le premier guignard[2]. J'arrêtai ma Renault.

– Eh bien ! lui dis-je, vous n'êtes pas verni ?

---

2. Malchanceux.

Il me répondit :

– Il faut bien qu'il y en ait un qui commence.

Mais soudain montèrent des cris de : « Fumier ! Nouveau riche ! » et « Triple bande d'andouilles ! »

Je fus obligé de constater que, quoique étant seul, la triple bande d'andouilles n'était autre que moi. Alors je vis que j'avais interrompu la marche de tout un peuple passionné qui suivait les coureurs d'un pas olympique.

Il faisait encore nuit, nous roulions depuis une heure et, cette fois, tout le long d'un bois que nous traversions, de grands feux de sauvages s'élevaient. On aurait cru des tribus venant d'apprendre la présence d'un tigre dans le voisinage : c'étaient des Parisiens qui, devant ces braseros, attendaient le passage des « géants de la route ». À la lisière du bois, il y avait une dame grelottant dans son manteau de petit gris[3] et un gentleman en chapeau claque[4]. Il était trois heures trente-cinq du matin.

Le jour se lève et permet de voir clairement que, cette nuit, les Français ne sont pas couchés ; toute la province est sur les portes et en bigoudis.

Les coureurs rament toujours. Le numéro 307 est le premier qui se ressente d'inquiétudes de l'estomac. Il tire une miche d'une besace[5] à lie de vin et dévore à grandes dents.

– Mange pas de pain ! lui crie un initié, ça gonfle, mange du riz !

Mais voilà qu'une garde-barrière coupe le peloton en deux : un train arrive. Cinq gars qui n'ont pu passer sautent à terre, empoignent leur machine et traversent la voie, devant la locomotive qui les frôle.

La garde-barrière pousse un cri d'effroi… Les gars, déjà remis en selle, poussent sur leurs pédales.

3. Écureuil de Sibérie dont on faisait des manteaux.

4. Chapeau haut de forme à ressort, qui peut s'aplatir.

5. Sac que l'on porte sur son épaule, et dont les deux extrémités forment deux poches.

Montdidier, arrêt, ravitaillement. Je m'approche du buffet. Je croyais que les géants allaient manger en paix et m'offrir un morceau... J'étais jeune... Ils foncent sur des sacs tout préparés, se jettent sur des bols de thé, m'écrasent les pieds, me pressent les flancs, crachent sur mon beau manteau et décampent.

Pour analyser le document

1. Dites de quoi il est question dans l'extrait proposé et sur quoi, particulièrement, le journaliste met l'accent.

2. Énumérez les différents épisodes rapportés par le journaliste puis déterminez ce qu'ils ont en commun. Caractérisez – en quelques mots – les points suivants : les spectateurs et leur comportement, les actions et les comportements des coureurs, le départ lui-même, le passage de la voie ferrée.

3. Vous avez certainement vu des images télévisées du Tour actuel* : répertoriez les différences perceptibles entre le Tour de 1924 et le Tour moderne. Qu'est-ce qui frappe le plus dans ces différences ?

* Une image du Tour moderne se trouve page couleur I.

1) vie sociale
jeux

DOCUMENT 6

ESSAI

ROGER CAILLOIS (1913-1978), ***Les Jeux et les Hommes*** (1958), 1re partie, chapitre V. © Éditions Gallimard.

Le sociologue Roger Caillois a consacré une étude au jeu, auquel il assimile le sport. Dans l'extrait qui suit, il rapproche le domaine du jeu et la complexité de la vie.

Toute institution fonctionne en partie comme un jeu, de sorte qu'elle se présente aussi comme un jeu qu'il a fallu instaurer, reposant sur de nouveaux principes et qui a dû chasser un jeu ancien. Ce jeu inédit répond à d'autres besoins, met en honneur d'autres normes et législations, exige d'autres vertus et d'autres aptitudes.

De ce point de vue, une révolution apparaît comme un changement des règles du jeu : par exemple, les avantages ou les responsabilités naguère dévolus à chacun par le hasard de la naissance, doivent désormais être obtenus par le mérite, à la faveur d'un concours ou d'un examen. Autrement dit, les principes qui président aux différentes sortes de jeux – hasard ou adresse, chance ou supériorité démontrée – se manifestent également en dehors de l'univers clos du jeu. Mais il faut bien se souvenir qu'ils gouvernent ce dernier absolument[1], sans résistance et pour ainsi dire comme un monde fictif sans matière ni pesanteur, alors que dans l'univers confus, inextricable des rapports humains réels, leur action n'est jamais isolée, ni souveraine, ni limitée d'avance : elle entraîne des conséquences inévitables. Elle possède pour le bien ou pour le mal une fécondité naturelle.

Dans les deux cas cependant, ce sont les mêmes ressorts qu'il est possible d'identifier[2] :

le besoin de s'affirmer, l'ambition de se montrer le meilleur ;

le goût du défi, du record, ou simplement de la difficulté vaincue ;

l'attente, la poursuite de la faveur du destin ;

le plaisir du secret, de la feinte, du déguisement ;

celui d'avoir peur ou de faire peur ;

la recherche de la répétition, de la symétrie, ou au contraire la joie d'improviser, d'inventer, de varier à l'infini les solutions ;

celle d'élucider un mystère, une énigme ;

les satisfactions procurées par tout art combinatoire ;

l'envie de se mesurer dans une épreuve de force, d'adresse, de rapidité, d'endurance, d'équilibre, d'ingéniosité ;

la mise au point de règles et de jurisprudences, le devoir de les respecter, la tentation de les tourner ;

---

1. De manière absolue.

2. Cette partie est en italique dans le texte d'origine.

enfin la griserie et l'ivresse, la nostalgie de l'extase, le désir d'une panique voluptueuse.

Il n'est guère de ces attitudes ou de ces impulsions, d'ailleurs souvent incompatibles entre elles, qu'on ne retrouve dans le monde marginal et abstrait du jeu comme dans le monde non protégé de l'existence sociale, où les actes ont normalement leur plein effet. Mais elles n'y sont pas d'une égale nécessité, n'y jouent pas le même rôle, n'y jouissent pas du même crédit.

En outre, il est impossible de tenir entre elles[3] la balance égale. Pour une large part, elles s'excluent l'une l'autre. Là où les unes sont en honneur, les autres sont obligatoirement décriées. Suivant les cas, on obéit au légiste[4] ou on écoute le forcené : on se fie au calcul ou à l'inspiration ; on estime la violence ou la diplomatie ; on donne la préférence au mérite ou à l'expérience, à la sagesse ou à quelque invérifiable (donc indiscutable) savoir qui est censé venir des dieux. Une répartition implicite, inexacte, incomplète, s'effectue ainsi dans chaque culture entre les valeurs à qui est reconnue une efficacité sociale et les autres. Celles-ci s'épanouissent alors dans les domaines secondaires qui leur sont abandonnés et où celui du jeu occupe une place importante. Aussi est-il possible de se demander si la diversité des cultures, les traits particuliers qui donnent à chacune sa physionomie originale, ne sont pas sans relations avec la nature de certains des jeux qu'on y voit prospérer et qui ne bénéficient pas ailleurs de la même popularité.

Il va de soi que prétendre définir une culture à partir de ses seuls jeux serait une opération téméraire et probablement fallacieuse. En effet, chaque culture connaît et pratique simultanément un grand nombre de jeux d'espèces différentes. Surtout, il n'est pas possible de déterminer sans analyse préalable lesquels s'accordent avec les

3. Il s'agit des « *attitudes* » et des « *impulsions* ».
4. Spécialiste des lois.

valeurs institutionnelles, les confirment, les renforcent, et lesquels, à l'inverse, les contredisent, les bafouent et représentent ainsi, dans la société considérée, des compensations ou des soupapes de sûreté. Pour prendre un exemple, il est clair que les jeux du stade, en Grèce classique, illustrent l'idéal de la cité, et contribuent à l'accomplir, tandis que, dans nombre d'États modernes, les loteries nationales ou les paris mutuels sur les courses de chevaux vont à l'encontre de l'idéal proclamé : ils n'en remplissent pas moins un rôle significatif, peut-être indispensable, dans la mesure précisément où ils offrent une contrepartie de nature aléatoire[5] aux récompenses qu'en principe le travail et le mérite devraient seuls apporter.

5. Liée au hasard.

Pour analyser le document

1. Dans le premier paragraphe (l. 1-19), récapitulez d'un côté les termes se rapportant aux jeux et de l'autre ceux qui évoquent la vie sociale. Que remarquez-vous ?

2. Expliquez en quoi les différents ressorts énumérés dans le deuxième paragraphe (l. 20-36) renvoient à la fois aux sports (jeux) et à la vie en société. Quelle est leur particularité, selon l'auteur ? (paragraphes 3 et 4, l. 37-58).

3. Pourquoi serait-il difficile de définir une culture à partir de ses jeux ?

Thèmes de réflexion, d'exposé ou de débat

1. À l'aide d'exemples de situations empruntées aux sports d'une part, à la vie sociale de l'autre, illustrez certaines des propositions en italique.

2. Classez les différentes propositions en italique selon l'importance que vous leur accordez personnellement et justifiez votre classement.

3. En quoi peut-on comparer la vie et certaines formes de jeu ?

Droit

Force

DOCUMENT 7

ARTICLE DE REVUE

PATRICK MIGNON, *Cahiers français*, n° 320 (mai-juin 2004), *Sport et société*, « Le sport et les valeurs des sociétés démocratiques ».

Le document ci-dessous est extrait d'un article de revue consacré aux dimensions sociales du sport dans les pays démocratiques. Son auteur met en évidence, dans le sport, la coexistence de composantes contradictoires, comme dans la vie sociale.

Le sport réconcilie le droit et la force puisque celle-ci ne s'exerce que dans des règles qui en interdisent l'usage illégitime et propose une juste hiérarchie issue d'une juste compétition. Mais si le sport exprime les valeurs d'une société méritocratique – c'est le meilleur qui gagne –, il exprime aussi les doutes et les interrogations sur ce que c'est qu'être meilleur : on peut apprécier dans le sport le travail nécessaire pour parvenir à triompher de l'adversaire, mais on peut aussi admirer la facilité et la grâce de celui qui déjoue toutes les embûches. On peut y lire le triomphe de la raison et de la vertu quand le meilleur l'emporte, mais on peut aussi y voir l'intervention de la chance ou du hasard lorsque la victoire dépend d'un rebond ou d'un coup de vent heureux, ou encore de la « triche » et de la ruse. On y découvre, bien sûr, comment un fils du peuple (Pelé, Maradona[1]…) parvient à échapper à son destin, mais aussi ce qu'il en coûte, et on mesure alors le caractère illusoire d'un tel exemple. Le sport permet de réfléchir à la part respective du mérite, du talent et de la chance, et de juger ce qu'est une société juste : peut-il s'agir d'une société où on sait d'avance la place qu'on doit occuper ? Une bonne société doit-elle ou peut-elle ignorer les qualités innées ou héritées des individus ?

1. « Stars » du football. Pour Pelé, voir p. 52.

Grâce au sport, on s'identifiera à un collectif local ou national, mais on fera l'expérience de l'emboîtement de ces collectifs au sein de l'Europe et du monde et, partant, de leur relativité ; on appréciera la part prise par l'individu ou par le collectif dans une performance, ce qui renvoie à la tension entre les aspirations individualistes et la prise en compte des relations sociales dans lesquelles les individus sont inscrits. Mettant en scène l'affrontement, le sport fait du conflit une forme normale de la vie sociale et maintient ouverte la question de l'altérité[2], à distance de toute idée de réconciliation, mais en même temps de toute destruction d'un adversaire qu'on est appelé à rencontrer régulièrement. À côté du respect de règles ou de codes de conduite, le sport donne l'image d'une réalité complexe : il n'existe pas qu'une manière de parvenir au résultat recherché, la chance peut changer le cours d'une existence, les règles sont interprétables, etc. Le sport ne récompense pas toujours la vertu, mais il fait voir comment dans la société chaque valeur a son envers. Il propose même une utopie de la concurrence parfaite, celle de la remise à zéro régulière des compteurs à la fin de toute épreuve, aussitôt démentie par le constat que ce sont souvent les mêmes qui gagnent. Le sport est un drame réaliste qui, à travers ses différentes expressions, donne aux individus la description d'un monde imparfait et incertain, résultat de l'action de forces contraires. En cela, il n'est pas sans affinité avec le régime démocratique qui « s'institue et se maintient dans la dissolution des repères de la certitude[3] ».

2. Caractère de ce qui est autre, différent.
3. Citation empruntée à Paul Lefort (1986).

Pour analyser le document

1. Les huit premiers mots du texte évoquent la coexistence, dans le sport, d'éléments opposés. Repérez les oppositions qui se situent dans le premier paragraphe et classez-les en deux colonnes.

2. Quelles sont les caractéristiques du sport exprimées dans le second paragraphe ? D'où vient l'idée, répétée, d'incertitude ?

3. Dans l'ensemble du texte, quelles différentes relations l'auteur met-il en relief entre le sport et la vie sociale ? En quoi peut-on parler de « dimensions sociales du sport » ?

DOCUMENT 8

ENTRETIEN

Entretien avec **GEORGES VIGARELLO**, © ***Sciences humaines***, n° 152 (août-septembre 2004), propos recueillis par Martine Fournier, « Le sport est-il encore un jeu ? ».

Dans un entretien avec Martine Fournier, de la revue Sciences humaines, *le sociologue Georges Vigarello aborde différents aspects du sport, son histoire, ses valeurs, son instrumentalisation.*

Sciences humaines. Les hommes se sont toujours adonnés à des exercices physiques, sous forme de démonstrations ou de compétitions… Quelles formes prenait ce que vous appelez « le jeu ancien » dans la société de l'Ancien Régime ?

Georges Vigarello. Sous l'Ancien Régime, le jeu est l'objet d'une véritable passion. Il prend soit la forme de jeux de paris soit celle de jeux de prix.

Les activités de paris peuvent surgir n'importe quand et les modalités en sont réinventées à chaque fois. Par exemple, à la fin du XVIe siècle, les habitants d'Amiens peuvent voir un soldat suisse, l'épée au côté, escaladant la flèche de la cathédrale, à la suite d'un pari… On s'affronte ici sur une barque pour traverser la Tamise, là à cheval pour franchir un pont, ou en patin sur un canal gelé l'hiver, dans une partie de paume contre le mur de l'église, à la course ou encore au tir à l'arc…

Les paris se font bien évidemment entre gens du même univers social : il y a les jeux des pauvres et les jeux des nobles qui sont, eux,

Soule = Sud-ouest.

beaucoup plus structurés : parties de paume, de quilles, de mail… Très prisé des aristocrates, le mail, sorte de jeu à mi-chemin entre le golf et le croquet, se passe sur une grande bande de terrain en terre battue et a ses règles bien définies…

Les jeux de prix, plus organisés, ont lieu lors des fêtes paroissiales sous l'égide du saint local : cela peut être la lutte en Bretagne, la course ou le saut en Provence, le lancer de pierre… Parfois ce sont les collectivités qui s'affrontent comme à la soule par exemple, très populaire dans les villages. Dans ce jeu de ballon – qui est l'ancêtre du football –, tous les coups sont permis, les affrontements et les chocs des corps peuvent être très violents ; les règles en sont assez floues, les terrains mal délimités et les combats chaotiques peuvent se finir dans la rivière ou dans la mer, comme à Vologne en 1557 où les joueurs se battent dans les vagues de la Manche !

Les équipes sont constituées par communauté : affrontements entre villages, entre célibataires et mariés… Chez les nobles, les jeux de prix, organisés lors de grandes occasions (naissance d'un dauphin, mariage à la cour), renvoient aux vieilles appartenances militaires : jeux de lance, de bague (qui consiste à faire passer la lance dans un anneau)…

D'une manière générale, les qualités valorisées dans les jeux anciens sont la force et l'adresse. Mais ils ont aussi une fonction de sociabilité. La compétition engendre la reconnaissance et permet d'intégrer les joueurs à la communauté. Elle peut valoir, par exemple, pour de jeunes nobles leur reconnaissance à la Cour. Les jeux anciens se déroulent selon des temporalités très différentes de celles qui apparaissent avec la société industrielle lorsque la séparation entre travail et loisir devient clairement orchestrée. Auparavant, le temps du jeu s'infiltrait dans celui du travail sans partition bien définie. D'ailleurs, le mot « loisir » n'existait pas encore.

S. H. En quoi consiste la rupture du XIXe siècle, qui fait naître les formes modernes de loisir et plus particulièrement le sport ?

G. V. Cette rupture porte sur plusieurs points. Le système sportif commence à s'organiser. D'une part, les jeux de paris vont être évincés au profit de formes plus réglées, hiérarchisées et institutionnalisées. Apparaissent alors les clubs et les fédérations (de natation par exemple) qui établissent des règlements pour tous ceux qui pratiquent ; alors que les règles de la soule par exemple variaient d'un lieu à l'autre.

D'autre part, apparaît un principe démocratique selon lequel n'importe qui peut participer.

Ce principe n'est en fait que théorique car, dans la réalité, il existe des distinctions sociales qui font que les activités sportives sont au départ réservées à la bourgeoisie. Quoi qu'il en soit, les clubs – qui naissent en Angleterre – organisent des compétitions et des sélections a différents niveaux : local, régional, national… Ils vont très vite chercher à se fédérer et à regrouper les pratiquants de différents sports : le Racing Club, par exemple, prétendait favoriser *« la pratique de tous les exercices de plein air, propres à développer les forces physiques, tels que football, lawn-tennis, jeu de paume, escrime, patinage… »*

S. H. Il semble aussi que le sport soit porteur de valeurs morales…

G. V. Le jeu ancien était prisé car il était l'occasion de moments récréatifs et festifs. Mais il était aussi perçu comme suspect par les moralistes car il comportait des risques de passion, d'excès, de débordements, de cupidité avec les paris ; il renvoyait en fait à ce qui est de l'ordre du désir et de la chair.

Le XIXe siècle – positiviste – veut rentabiliser le temps et, avec les hygiénistes, l'efficacité physique ; le sport doit servir, il devient

Romantisme fin 18e s. J.J. Rousseau
Place aux sentiments ! Pensées intimes, mal-être -
Surtt V. HUGO => le drame romantique.

éducatif… D'où un discours moral, porté notamment par le baron Pierre de Coubertin, qui voulait par le sport « employer tous les moyens propres à développer nos qualités physiques pour les faire servir au bien collectif ». Pour ce promoteur du sport au XIXe siècle, l'activité physique donne du courage, de la volonté, fait vivre les gens ensemble… Dans une société où les repères religieux s'affaiblissent, le sport est vu comme un moyen de tisser le lien social, la solidarité envers la collectivité et même le sacrifice pour elle. En outre, les clubs sont organisés à l'initiative de leurs membres, dont certains sont des adolescents : là encore, on voit pointer l'idée démocratique en même temps que la valorisation des initiatives personnelles. Les pères fondateurs du sport ont en fait ajusté les pratiques physiques à un monde où se pensaient autrement l'espace, le temps, le rapport aux autres et à soi. […][1]

S. H. On s'aperçoit au fil du temps que le sport est souvent instrumentalisé par la politique…

G. V. En 1936, on voit effectivement comment un régime totalitaire exerce une pression, voire un chantage sur le Comité international d'organisation des Jeux. Malgré les protestations de celui-ci, les Juifs sont exclus de fait des compétitions puisqu'en Allemagne ils ne peuvent appartenir à des clubs. C'est le Reich aussi qui choisit les correspondants (recrutés dans le parti nazi) pour la presse internationale. La fête prend des couleurs nazies, avec la présence massive des drapeaux à croix gammée, le défilé de milliers de membres des jeunesses nazies…

Le sport est ambigu par cette ferveur quasi religieuse à laquelle la foule est appelée à participer. Parce qu'il devient de plus en plus visible avec le développement des moyens de communication – radio, télévision, etc. –, beaucoup sont tentés de s'en servir. Hitler

1. Une question et sa réponse traitant des Jeux Olympiques de 1900 ont été supprimées.

est le premier à penser à l'exploitation cinématographique des Jeux en commandant à Leni Riefenstahl[2] le film *Les Dieux du stade*, dans lequel on trouve un hymne à la beauté physique. Le sport est alors utilisé pour promouvoir cet idéal de beauté physique qui habitait l'idéologie nazie. La récupération du sport n'est pas d'ailleurs seulement le fait des régimes totalitaires… Tous ceux qui peuvent exploiter sa visibilité tentent de le faire : on se souvient de ces athlètes noirs brandissant le poing sur le podium à Mexico en 1968[3]. Ou de Denis Banks qui avait créé en 1972 la « Piste des traités violés », un marathon qui traversait tous les États de l'Union… Les terroristes s'en sont servis aussi, à Munich en 1972[4] ou à Atlanta en 1996[5]…

De leur côté, les pays de l'Est utilisaient cette visibilité pour promouvoir leur régime, en dopant d'ailleurs massivement leurs athlètes.

Le poids médiatique du sport attire le politique tout comme le publicitaire. D'autant qu'aujourd'hui, le « show sportif[6] » séduit des foules entières.

S. H. Violences dans les stades, dopage, corruption… Le sport aujourd'hui peut-il encore être porteur de ces valeurs morales que ses fondateurs exaltaient ?

G. V. La pratique compétitive est en effet l'objet de terribles dérives. Outre le dopage, l'entraînement intensif précoce par exemple, qui consiste à entraîner les enfants dès l'âge de 5 ans – en particulier les

2. Cinéaste allemande.

3. Lors des Jeux Olympiques de Mexico en 1968, les coureurs américains Tommie Smith et John Carlos, qui ont remporté respectivement la médaille d'or et celle de bronze au 200 m, lèvent le poing et refusent de regarder le drapeau américain pour attirer l'attention sur la situation des Noirs aux États-Unis.

4. Lors des Jeux Olympiques de Munich en 1972, le groupe terroriste Septembre noir prend en otage les sportifs israéliens. Onze d'entre eux sont tués au cours de l'assaut destiné à les libérer.

5. Lors des Jeux Olympiques du centenaire, à Atlanta, six jours après l'ouverture, des terroristes font exploser une bombe au Centennial Park, faisant un mort et une centaine de blessés.

6. Pour le côté spectaculaire du sport, voir le chapitre III.

gymnastes fillettes –, est une manière de porter atteinte à l'intégrité physique des individus. Sur ce point qui touche à un problème de santé publique, il existe une responsabilité du politique. Et je pense que l'État devrait prendre davantage en charge ces problèmes.

Il y a toujours eu une ambiguïté dans le sport qui, d'un côté, veut exalter certaines valeurs morales (comme la pureté ou l'intégrité) et, de l'autre, est le lieu de pratiques des plus contestables. Mais il faut considérer aussi que la pratique du sport concerne aujourd'hui des millions de personnes (plus de 13 millions inscrits dans les fédérations aujourd'hui). En 1920, la Fédération de natation comptait un millier de nageurs, aujourd'hui, ce sont des centaines de milliers d'adhérents. Dans la même période, on est passé de 30 000 footballeurs dans les clubs à quelque trois millions et demi… Au-delà du sport spectacle[6], la pratique sportive s'est intensifiée de manière phénoménale. Et il est permis de penser cela comme un fait positif qui apporte plaisir et réalisation de soi aux adultes et aux enfants, mais aussi produit des sociabilités, de l'émulation sociale…

Pour analyser le document

1. Les deux premières réponses données dans le texte portent sur l'histoire du sport : en quoi se trouve-t-il associé à la vie sociale ?

2. Quel reproche adresse-t-on au sport (réponse 3 de G. Vigarello) ? Quelles fonctions lui attribue-t-on ?

3. Identifiez et exposez les dérives du sport qui sont abordées dans les deux dernières réponses, puis observez le sommaire général de cette anthologie. Que remarquez-vous ?

DOCUMENT 9

DOCUMENT CHIFFRÉ

GÉRARD MERMET, ***Francoscopie*** (2008). © Éditions Larousse.

Sociologue attentif aux transformations des comportements des Français, qu'il regroupe dans les volumes de Francoscopie, *Gérard Mermet établit ici un « état des lieux » de la pratique sportive dans quinze pays d'Europe en 2004 et commente le tableau donné en encadré.*

L'Europe sportive

Proportion de personnes pratiquant un sport ou une activité physique au moins une fois par semaine dans l'Europe à quinze (novembre 2004, en pourcentage des 15 ans et plus).

Allemagne	39
Autriche	34
Belgique	43
Danemark	60
Espagne	37
Finlande	76
France	43
Grèce	26
Irlande	53
Italie	27
Luxembourg	43
Pays-Bas	52
Portugal	22
Royaume-Uni	45
Suède	72
EUROPE	38

Eurobaromètre/Sofres.

On assiste ainsi depuis une vingtaine d'années à une massification de la pratique sportive. En 2004, 47 % des personnes de 15 ans et plus déclaraient avoir une activité sportive au moins occasionnelle contre 42 % en 1999 (INSEE), 32 % « régulièrement tout au long de l'année » contre 27 % en 1999. L'enquête européenne de fin 2004 indiquait que 53 % des Français pratiquaient un sport ou une activité physique au moins une fois par mois, 43 % au moins une fois par semaine (Eurobaromètre/Sofres).

Si l'on s'en tient à la pratique au moins hebdomadaire, la France arrive un peu au-dessus de la moyenne de l'Union européenne à quinze (43 %) à la septième position, derrière les pays du Nord : 76 % en Finlande, 72 % en Suède, 60 % au Danemark, 53 % en Irlande, 52 % aux Pays-Bas, 45 % au Royaume-Uni. Parmi les nouveaux États membres, la proportion de sportifs la plus élevée se trouve à Chypre (43 %), en Slovénie (43 %) et à Malte (42 %). Elle est peu élevée dans certains pays du Sud et dans plusieurs nouveaux États membres : seuls 20 % des Hongrois, 22 % des Portugais et 24 % des Slovaques déclarent faire du sport au moins une fois par semaine.

En plus d'attirer de nombreux pratiquants, le sport tient une place croissante dans la société. Le spectacle sportif est très présent dans les médias et la télévision réalise quelques-unes de ses meilleures audiences avec les retransmissions de compétitions nationales ou internationales. *L'Équipe* est le premier quotidien français. Les champions de football, de tennis, de rugby ou de formule 1 sont les héros de l'époque. Le sport inspire de nombreux jeux vidéo. Le « sport-business » joue un rôle considérable dans l'économie et les entreprises sont de plus en plus nombreuses à y participer sous la forme de parrainage, dans l'espoir d'en obtenir des retombées en termes de notoriété et d'image. La mode s'inspire largement de l'univers sportif, notamment des disciplines de glisse (surf, snowboard, skate[1]...). Les marques plébiscitées par les jeunes (Adidas, Reebok, Nike, Fila, Caterpillar, New Balance, Aigle, Timberland, Quicksilver, Oxbow...) incarnent pour la plupart des modes de vie dans lesquels le sport est très présent.

Les jeunes restent les plus concernés

90 % des 15-24 ans ont pratiqué une activité physique ou sportive en 2003. Les enfants sont également de plus en plus attiré par le sport. Outre les obligations dans le cadre scolaire, ils sont influencés par les médias, les marques de vêtements et d'équipement et l'aura des grands champions. Ils sont souvent encouragés par leurs parents qui voient dans la pratique sportive une habitude de vie saine, ainsi qu'une forme d'apprentissage utile. Contrairement aux adultes dont la motivation principale est de rester en forme, elle a pour eux un caractère ludique et permet de dépenser le trop-plein d'énergie.

C'est pourquoi le sport est aujourd'hui partie intégrante de la culture des jeunes, avec la musique, le cinéma ou les jeux vidéo. Comme ces autres activités, il a une dimension planétaire qui les séduit. Il favorise aussi l'intégration à des groupes qui partagent les mêmes intérêts, admirent les mêmes héros. Il est un moyen privilégié de construire son identité en se confrontant à celle des autres. Les moins de 25 ans se sont en outre approprié certains sports, notamment ceux dits « de glisse » qui font partie de leur univers quotidien (roller, skate, patinage, hockey[1]...) et nourrissent leur imaginaire. Ils ont aussi la quasi-exclusivité de la pratique des sports collectifs (football, volley, basket, handball, rugby) et des sports de combat. Les pratiquants sont un peu moins nombreux parmi les 25-44 ans (83 %). Après 65 ans, la proportion n'est plus que de 24 %.

---

1. Pour les sports de glisse, voir p. 189.

Pour analyser le document

1. Retrouvez les parties de texte qui pourraient avoir comme titre les formulations suivantes (données dans le désordre par rapport au document) : Sports et médias – Une augmentation de la pratique sportive – Le « sport business » – Le sport et les jeunes – La position de la France.

2. Résumez et reformulez les informations essentielles données dans chaque partie.

3. Quelles interférences le document met-il en évidence entre le sport et la vie sociale ?

> **Rapide historique des Jeux Olympiques**
>
> On fait en général remonter les Jeux Olympiques antiques au VIIIe siècle avant J.-C. et leur origine est associée au culte d'une divinité ou à la célébration d'un héros mythique, par exemple Héraclès. On peut citer les jeux pythiques (culte d'Apollon à Delphes) ou les jeux isthmiques (Corinthe) et ceux de Némée. Les jeux qui restent les plus connus ont lieu à Olympie, tous les quatre ans, et comportent une dizaine de disciplines auxquelles se forment les athlètes, dès leur adolescence, tant le sport fait partie de l'éducation du citoyen. Il faut cependant remarquer une discordance, à cette époque, entre la vocation éducative du sport et son importance pour la réputation (politique) des cités dont les athlètes sont victorieux.
>
> C'est là le début d'une modification dans le déroulement et dans l'esprit des jeux, dévoyés par l'argent, la violence (lorsque Rome aura conquis la Grèce) et la corruption. Les jeux disparaissent au IVe siècle après J.-C. sous la double influence de l'empereur Théodose et du christianisme. Ils ne réapparaissent qu'en 1896 (premiers Jeux à Athènes) et en 1924 (invention des Jeux d'hiver) grâce à Pierre de Coubertin, qui en définit l'esprit par le précepte suivant : *« L'important, aux Jeux Olympiques n'est point tant d'y gagner, mais d'y prendre part, car l'essentiel dans la vie n'est pas tant de conquérir que de bien lutter. »*

DOCUMENT 10

ESSAI

Pascal Duret, ***Sociologie du sport*** (2008), chapitre II, coll. « Que sais-je ? ».

Dans un extrait de l'essai Sociologie du sport, *Pascal Duret s'intéresse aux rapprochements possibles entre le spectacle sportif et notre « expérience du monde ».*

Le spectacle sportif offre l'image idéalisée et embellie qu'une société souhaite se donner d'elle-même. Mais il renseigne aussi sur ce dont nous avons besoin pour réussir dans la vie à la manière d'un drame caricatural (Bromberger, 1995[1]). Par-delà les résultats des compétitions, il invite les spectateurs à discuter de la légitimité des places obtenues. Ainsi le spectacle sportif en dit-il long sur les modes de pensée et les mythes de nos contemporains dans une société concurrentielle.

De quels ingrédients se compose la recette du succès quand on l'envisage assis dans les gradins des stades ? Il faut incontestablement du mérite et savoir tirer son épingle du jeu tout en restant collectif, mais il faut aussi de la chance, et si nécessaire un peu de roublardise.

Le spectacle sportif est d'abord une exaltation du talent. Mythe de la juste concurrence entre égaux (Ehrenberg, 1991[1]), il sert de palliatif[2] symbolique aux inégalités de la compétition scolaire puis professionnelle, en mettant en scène une hiérarchie fondée sur le mérite. Quand nous assistons à une compétition sportive, nous allons donc voir comment un ou des hommes ordinaires, sans privilège de naissance, se distingue(nt) des autres. Plus les espaces sociaux résistant aux passe-droits[3] se font rares et plus le spectacle

1. Noms des auteurs auxquels le sociologue emprunte une idée ou une théorie ou encore une citation.
2. Moyen provisoire, remède qui soulage sans guérir.
3. Faveur accordée contre le droit.

sportif constitue une sorte d'espace pur, protégé d'un quotidien corrompu. On repère aussi un lien tenace entre mérite individuel et mérite collectif. Le travail d'équipe et la division du travail ont été intégrés par spectateurs et supporters comme le disent les devises de nombreux clubs, du « *E pluribus unum* » (« un à partir de plusieurs ») du Benfica de Lisbonne au « *You'Il never walk alone* » (« Tu ne seras jamais seul ») de Liverpool.

Il faut du talent pour gagner un match (comme pour réussir sa vie); mais le mérite n'est pas tout, comme le souligne encore C. Bromberger, il faut aussi de la chance. En 1976, les Stéphanois avait perdu en finale de Coupe d'Europe contre Munich *à cause* des poteaux; en 1998, la France se qualifie en Coupe du monde contre l'Italie *grâce* aux poteaux. Quand Aimé Jacquet, entraîneur des tricolores champions du monde de football, ressent les vertiges de la popularité, il se remémore: « Lorsque j'ai un petit moment d'égarement je repense au tir au but de l'Italien Di Baggio sur la barre transversale. Et s'il était finalement rentré ? Alors je me calme et je me dis: reste humble. » L'aléa[4] réintroduit une dimension essentielle du spectacle sportif en offrant aussi une vision du monde où le destin, les impondérables, les circonstances tiennent une place importante (en particulier pour expliquer les défaites). Insolente dérision du mérite, les facteurs d'incertitudes qui pèsent sur le match « façonnent un monde discutable et donc humainement pensable » (Bromberger, 1995).

Mais quand le sort ou la malchance s'acharne, il reste toujours le recours à la filouterie et à la tricherie dans une sorte de logique compensatoire pour forcer un peu son destin. L'entorse à la règle se justifie par l'insistance de l'infortune. C. Bromberger qui a longuement enquêté dans les clubs de football italiens raconte que

4. Le hasard.

les supporters justifient les actions litigieuses[5] de leurs champions en établissant des parallèles entre le cours de leurs existences et les matchs auxquels ils assistent. « Le foot c'est comme dans la vie, disait l'un d'eux, moi je n'ai pas eu de chance j'ai été cocu comme tout le monde », mais il s'empressait d'ajouter « alors, j'ai pris des maîtresses » ! La filouterie n'est revendicable que si la malignité des autres en porte la trace. En outre, les supporters se délectent de leur propre mauvaise foi. Quand l'arbitre siffle une faute contre votre équipe, qu'elle soit justifiée ou non, il vous vole ! Mais quand il siffle une faute en faveur de votre équipe, même si elle est injuste, il ne fait que se racheter ! Tout jugement passe par un double standard évaluatif : « Ils sont tricheurs quand nous, nous sommes simplement malins. » Quand l'Argentin Diego Maradona[6] marqua de la main un but contre l'équipe d'Angleterre, favorite du Mondial 1986, il s'en tint pour tout commentaire à réaffirmer : « L'important c'est de marquer. » C'est « la main de dieu », ajoutèrent ses adulateurs pour qui la réprobation envers la tricherie s'effaça bien vite. Ne resta que la complicité admirative envers la ruse de leur héros populaire apte à se débrouiller contre le système de règles en vigueur, comme l'homme du peuple doit savoir se débrouiller contre le système social fait pour les puissants.

Le match de football incarne, comme l'a montré C. Bromberger, une vision du monde à la fois cohérente et contradictoire. Il exalte une compétition juste visant à consacrer par la compétition les meilleurs, mais il souligne aussi le rôle de la chance et si besoin est, de la tricherie pour parvenir au succès.

Le spectacle sportif n'offre ni une scène parfaitement « pure » ni totalement « juste », c'est parce qu'il est « imparfait », parfois même « injuste », qu'il ressemble à notre expérience du monde lui

5. Qui donnent lieu à contestation.
6. Très célèbre joueur de football argentin né en 1960.

aussi imparfait, mais dans lequel il nous faut pourtant bien nous débrouiller. Le succès du match tient dans « l'éventail des qualités dramatiques » qui s'y déploie. Dans le temps restreint de la partie, on passe du rire aux larmes, de la colère à la félicité, de l'inquiétude au soulagement, de l'indignation au désespoir, au point de « parcourir tout l'horizon symbolique de nos sociétés » (Bromberger, 1995). Prendre parti pour « son » équipe est une condition nécessaire pour vivre cette gamme d'émotions. La partisanerie, consubstantielle de la passion du match, permet d'exister non seulement en spectateur mais tout autant en acteur du drame incertain qui se joue. Tous les ingrédients sont là pour qu'il y ait identification, c'est-à-dire passage du « ils » au « nous ». Pourquoi se mettre en colère ou trembler quand l'arbitre siffle un penalty litigieux, si l'on se moque éperdument du sort de l'équipe à qui l'injustice arrive ? L'impartialité est une asthénie[7] de l'émotion. Pour rendre compte de la fièvre qui s'empare des spectateurs, en Italie, ils sont appelés « tifosis » (dérivé du mot « typhus » maladie contagieuse caractérisée par une intense agitation nerveuse et corporelle).

7. Affaiblissement.

Pour analyser le document

1. À partir des paragraphes 1 à 5 (l. 1-71), récapitulez ce que révèle (et nécessite), pour les hommes et pour la société, le spectacle sportif.

2. Expliquez l'importance du mérite, de la chance et de la « roublardise » tels que les présente l'auteur du document.

3. Quelle est la fonction des deux derniers paragraphes (l. 72-97) ? Qu'ajoutent-ils à ce qui a déjà été dit ?

DOCUMENT 11

ESSAI

Pascal Duret, ***Sociologie du sport*** (2008), chapitre II, coll. « Que sais-je ? ». © PUF.

Le document ci-dessous récapitule ce que Pascal Duret appelle le fonctionnalisme positif et le fonctionnalisme négatif, en faisant référence à la coexistence, à propos du sport, de jugements exactement opposés.

Les fonctionnalismes attribués au sport

Fonctionnalisme positif Thèmes de célébrations du sport	Fonctionnalisme négatif Thèmes de critiques du sport
Fonction hygiénique de préservation et d'entretien du « capital santé » de chacun.	Fonction disciplinaire d'apprentissage des contraintes corporelles.
Fonction politique de production de symboles nationaux (les champions vus en héros).	Fonction politique de production de nationalismes exacerbés (compétition comme « peste émotionnelle »)
Fonction médiatique du spectacle comme édification morale.	Fonction médiatique du divertissement comme « opium du peuple ».
Fonction d'intégration et d'accélérateur de sociabilités plus fraternelles.	Fonction d'exclusion et d'entretien de formes de racisme et de discrimination.
Fonction éducative du respect de l'autre et de la solidarité.	Fonction d'inculcation des valeurs guerrières et violentes du « prêt à tout pour gagner ».
Fonction contre-culturelle de création d'un monde à part transgressif (surf, skate).	Fonction de consommation, d'illusions libertaires récupérées par des intérêts marchands.
Fonction de production de biens et de services (matériel, événements, encadrement).	Fonction d'adhésion accrue à la société de consommation.

K. Marx par rapport à la religion-

Le fonctionnalisme positif entretient une version angélique de l'univers sportif. Les individus qui font du sport acquièrent une meilleure santé, deviennent plus solidaires et moins violents. Les champions tracent les contours d'un monde réenchanté et chevaleresque, etc.

Le fonctionnalisme négatif dénonce, sans relâche, la fausse candeur de toutes les vertus prêtées au sport. Celui-ci n'est plus alors perçu ni comme source de santé individuelle, ni d'amitié entre les peuples, ni comme un lieu d'apprentissage de la tolérance ou du désintéressement.

Pour analyser le document

1. En quelques lignes, faites une présentation du document : auteur, forme, structure, origine, date, contenu. Indiquez quel est son « fonctionnement ».

2. Quelles remarques vous inspirent la nature et le fonctionnement de ce document ?

3. Quelles fonctions vous paraissent personnellement défendables ? Exposez-les en les reformulant.

Thèmes de réflexion, d'exposé ou de débat

1. Choisissez deux propositions contradictoires figurant dans le tableau de P. Duret et étayez-les par des arguments et des exemples au cours d'un débat.

2. Quelles réflexions vous inspire la coexistence de points de vue antinomiques ? Cela signifie-t-il que le monde du sport est absurde ?

POUR S'EXERCER À LA SYNTHÈSE

1. Mettez en parallèle l'extrait de l'*Iliade* (→ DOCUMENT 2, p. 16) et celui des *Forçats de la route* (→ DOCUMENT 5, p. 22) pour faire apparaître tout ce qui les oppose, après avoir signalé les raisons de leur rapprochement.

2. Rapprochez et comparez la photographie de l'arrivée du premier Tour de France (→ DOCUMENT 4, p. 21) et ce que rapporte Albert Londres (→ DOCUMENT 5, p. 22).

3. Rapprochez les documents de Patrick Mignon (→ DOCUMENT 7, p. 29) et de Pascal Duret (→ DOCUMENT 10, p. 41) pour étudier en quoi le sport peut aider à comprendre et à supporter le monde complexe, incertain et imparfait dans lequel nous vivons.

4. Rapprochez le texte de Roger Caillois (→ DOCUMENT 6, p. 25), et celui de Patrick Mignon (→ DOCUMENT 7, p. 29), pour mettre en évidence les similitudes qui sont soulignées entre le sport et la vie.

5. Confrontez les textes de Patrick Mignon (→ DOCUMENT 7, p. 29), de Pascal Duret (→ DOCUMENT 10, p. 41) et l'entretien avec Georges Vigarello (→ DOCUMENT 8, p. 31) pour établir une liste de tous les aspects du sport qui y sont envisagés. Regroupez les éléments commun aux trois documents.

CHAPITRE II

HÉROS, CULTE DE LA PERFORMANCE ET DOPAGE

Pour analyser le document : après chaque document
Thèmes de réflexion, d'exposé ou de débat : après certains documents
Pour s'exercer à la synthèse : à la fin de chaque chapitre

« Citius, altius, fortius[1] »

Devise olympique (1896).

Quiconque s'intéresse au sport peut constater qu'il n'existe pas sans compétition, sans volonté de dépassement de soi ou des autres. Être sportif, c'est faire mieux que les concurrents, dépasser son propre record, faire mieux que l'équipe adverse, mieux que le numéro 1. Et comme les records « tombent » régulièrement, les sportifs, surtout ceux qui relèvent du haut niveau, sont engagés dans une course apparemment sans fin qui les fait parfois s'éloigner des valeurs du sport et avoir recours à des pratiques illégales.

■ Héros ou stars ?

En rapprochant les trois premiers textes du chapitre II (→ DOCUMENT 13, 14 et 15, p. 50 à 56), on pourrait sans doute définir le héros sportif comme celui qui, dans un sport collectif, « accepte » un certain nombre de situations, « sacrifices » difficiles, parfois d'amour-propre, au nom de la cohésion du groupe, de la stratégie du jeu et du désir de vaincre. Un tel **héros** joue son rôle de modèle et c'est ce qui fait sa **grandeur**, sa dignité. La soumission aux règles du sport et aux décisions du capitaine de l'équipe sont des attitudes fondamentales, dont la violation est immédiatement jugée contraire aux lois et aux valeurs du sport, et de ce fait sanctionnée. Le héros se fait connaître par son efficacité, par sa **créativité** et son génie du jeu, par son **respect** d'autrui et du sport.

C'est par cet ensemble de qualités qu'il peut accéder au **mythe**, comme Pelé (→ DOCUMENT 14, p. 52) qui avait le génie du jeu, l'habileté technique, un savoir-faire hors pair. Mais il arrive que le succès monte à la tête de certains : les sommes astronomiques gagnées par les sportifs les plus connus et les plus titrés, la tentation de la publicité et de la **gloire médiatique** transforment quelques héros en stars idolâtrées à l'échelle de la planète. Ces personnages quasi mythiques semblent si éloignés, par les qualités sportives surhumaines

1. « Plus vite, plus haut, plus fort. »

dont ils font preuve, que le commun des mortels est bien souvent d'une grande indulgence à leur égard et à l'égard de certaines déviations. Inversement, le public, avide d'exploits toujours plus difficiles, peut exiger de ses champions des **performances** sans cesse plus remarquables et plus dangereuses, comme le rappelle le document 23 (→ p. 85).

DOCUMENT 12

CÉRAMIQUE GRECQUE

Art grec antique (VIe siècle avant J.-C.), **Course à pied**, céramique à figures noires, musée Antoine Vivenel, Compiègne. Ph ©Erich Lessing/AKG-images musée Vivenel, Compiègne (→ CAHIER COULEUR, p. I).

Dans l'Antiquité grecque, l'admiration pour les exploits des sportifs se mesurait à la fréquence de leur représentation soit par des sculptures, soit en peinture sur des coupes, des vases, des amphores, comme en témoigne l'image de la page I du cahier couleur.

Pour analyser le document

1. Étudiez la « mise en scène » des personnages : à quoi voit-on qu'il s'agit d'athlètes ? Qu'est-ce qui se trouve mis en valeur dans la représentation ?

2. Quels sont les effets produits par cette représentation ? Que nous apprend cette peinture sur les relations sport/société ?

DOCUMENT 13

RÉCIT

HENRY DE MONTHERLANT (1895-1972), ***Les Olympiques*** (1924). © Éditions Gallimard.

Romancier, dramaturge et poète, Henry de Montherlant a emprunté au poète grec Pindare (VIe siècle avant J.-C.) le titre d'un ensemble de textes célébrant le sport et les sportifs. L'extrait qui suit met en scène un joueur de football, « le demi-aile » analysant, à destination d'un interlocuteur, joueur comme lui, son propre comportement et ses choix au cours de matchs récents.

LE DEMI-AILE : Pendant une heure et demie de jeu, qu'ai-je fait sinon accepter ? Accepter d'un cœur mâle et libre, c'est-à-dire consentir avec regret et en approuvant. J'ai accepté que le soleil se cachât lorsqu'il eût gêné nos adversaires, pour se montrer quand c'était nous qu'il gênait. J'ai accepté que le vent soufflât quand il était contre nous et tombât quand il eût été pour nous. J'ai accepté de faire ma partie dans des combinaisons de jeu que je jugeais vouées à l'échec, comme ton[1] Labbé[2] et ton Anglais[2] acceptaient ta tactique en la condamnant. J'ai accepté des efforts et des fatigues que je savais inutiles, comme de poursuivre un homme plus vite[3] que moi, pour la seule satisfaction morale d'avoir tenté tout ce qui pouvait être tenté. J'ai accepté que Beyssac[2] rentrât un but, se fît serrer la main, reçût les sourires des dames et eût son nom au bulletin du club, quand c'était moi et moi seul qui, par un déplacement du jeu, lui avais permis de marquer. J'ai accepté dix fois que l'arbitre jugeât à notre détriment, et je n'ai rien dit ; s'il m'est arrivé une fois de commencer à protester, Ramondou[2] m'a fait taire : « Silence sur le terrain ! ». Ramondou a dix-huit ans, j'en ai vingt-cinq, et j'ai accepté sa brusquerie un peu désinvolte parce qu'en regard de la justice j'avais raison, mais qu'en regard du jeu j'avais tort, et c'est bien ici qu'il faut redire après Goethe[4] : « J'aime mieux une injustice qu'un désordre. » J'ai accepté mes lacunes, que pendant une heure et demie j'ai mesurées, ah ! je t'assure, sans que rien m'en soit caché. Je sais que je manque de souffle, que je me laisse prendre le ballon, que je n'ai pas le coup de pied précis. Je sais que je suis le siège d'une puissance aussi mystérieuse que l'électricité ou le génie, la forme, qui vient, s'en va, revient, sans raison et en dehors de toute règle connue, qui me donne à dix heures la plénitude d'un demi-dieu et

1. Le demi-aile s'adresse à un joueur de l'équipe junior, très prometteur, Peyrony.
2. Noms de joueurs connus des deux interlocuteurs.
3. Plus rapide.
4. Dramaturge et poète romantique allemand (1749-1832).

me fauche les jambes à onze heures et demie, qui renaît soudain du fond d'un brisement[5] total, qui disparaît pendant des jours au plus fort d'un entraînement, à croire qu'il y a vraiment une âme du corps indépendante de l'autre ; et je regarde à l'intérieur de moi cette personne vivante, étrangère, et qui est moi-même et sur laquelle je ne puis rien. Je sais cela, je l'accepte et ainsi faisons-nous tous. Nous sommes de l'équipe troisième, ce qui signifie ouvertement que nous jouons mieux que l'équipe quatrième et moins bien que l'équipe seconde ; nous savons cela de l'équipe comme chacun de nous sait que tel ou tel, peut-être plus jeune et plus nouveau dans le jeu que lui, est meilleur joueur que lui ; et connaître ici sa valeur, connaître ici sa place, c'est une préparation à connaître la valeur et la place de toutes choses.

5. Cassure, rupture.

Pour analyser le document

1. Le texte est dominé par la répétition (l'anaphore) d'un verbe : quelle attitude ce terme définit-il ?

2. Relevez les compléments qui accompagnent le verbe trouvé à la question 1, et dites sur quoi portent les attitudes citées. Que traduisent-elles ? En quoi sont-elles douloureuses ?

3. Quelles valeurs et quelles fonctions du sport se dégagent des propos du demi-aile ? Expliquez le sens et l'importance de la dernière phrase de l'extrait.

Document 14

ESSAI

Olivier Margot, © ***Autrement***, n° 80 (mai 1986).

Certains sportifs très talentueux sont considérés comme de véritables génies. C'est ce qu'évoque Olivier Margot en rapprochant le footballeur Pelé et le musicien de jazz Miles Davis.

Pelé[1] a marqué son premier but officiel le 7 septembre 1956 à Santo André et son dernier, le 1er octobre 1977, au Giants Stadium de New York. Entre ces deux bornes, il a joué dans quatre-vingt-huit pays et rencontré deux papes, quatre rois, cent huit chefs d'État. Pour tous, il était « Le roi Pelé », un Dieu ou un génie. Quelqu'un d'autre.

Pelé est un mythe. Parce que, amoureux du jeu, il savait communiquer l'amour du jeu à ceux qui le regardaient et l'entouraient ? Parce que ses qualités physiques étaient à ce point exceptionnelles qu'elles résistaient à l'usure des tournées interminables de Santos[2] ? Un jour à Pékin, puis à Hambourg, ensuite à Buenos Aires… C'était le temps du « Pelé Futebol Clube » : Pelé absent, le cachet de Santos était réduit de moitié. Parce que sa technique était telle qu'à chaque fois qu'il entrait en possession du ballon, au sens magique du terme, il semblait raconter une histoire à chacun, à tous ? Pelé ou la perfection de la technique, seul passeport permettant de voyager à travers le temps ; de faire partie du *Wunderteam*[3] autrichien des années 30, de la grande équipe de Hongrie des années 50, de l'inoubliable équipe du Brésil des années 60. Mais, même portée au paroxysme, la technique ne procure pas l'éternité. Le génie, seul, a ce pouvoir.

Comment définir le génie ? Il faut écouter Mozart, s'immerger dans Van Gogh, regarder Pelé. Ou il faut procéder par analogie. L'œuvre et le destin de Miles Davis[4], génie du jazz, se rapprochent singulièrement de l'œuvre et du destin de Pelé. Évidence : ils sont noirs, dans une société qui n'aime pas les Noirs. Et de cette différence, tirent une force intransmissible.

Ni le football ni le jazz ne sont reconnus par la majorité comme un art, tout au plus comme un moyen d'expression. L'un et l'autre,

1. Edson Arantes do Nascimento, dit Pelé, né en 1940, est une légende vivante du football brésilien et mondial.
2. Nom du club brésilien dans lequel jouait Pelé.
3. « Équipe extraordinaire ».
4. Trompettiste de jazz américain mondialement connu (1926-1991).

Pelé, et Miles, on les nomme « joueurs » ; l'un et l'autre débutent à quinze ans. Miles a dix-neuf ans lorsque avec Charlie Parker[5], ils inventent le be-bop et le cool-jazz au Minton's Playhouse à New York, Harlem, 52e Rue. Coïncidence, comme un clin d'œil de l'âme : si, pour tous, Parker est *The Bird* (l'oiseau), Pelé remportera, lui, deux Coupes du monde associé à Garrincha, « l'oiseau tropical », de son vrai nom Manoel Francisco Dos Santos. Parker comme Garrincha mourront jeunes.

Pelé et Miles Davis ont su s'entourer et communiquer avec les plus grands. Ils sont d'incomparables chefs d'orchestre ; des inventeurs de sons, des explorateurs de formes ; ils sont pourtant inclassables, marginaux dans la solitude de leur génie. Jusque dans l'immobilité ou le silence, ils ont choisi la densité plutôt que le remplissage.

Contrairement à l'idée répandue, une formation de jazz obéit à des règles collectives extrêmement définies. Comme le fait une équipe de football. Dans cette collectivité, Davis et Pelé ont créé un langage particulier qui, naturellement, ressemble à celui des autres mais qui, pourtant, s'en différencie au point d'être immédiatement reconnaissable. Pour ces deux hommes que la même beauté rassemble (Pelé se reconnaissait toujours sur un terrain tout comme il est impossible de confondre Miles Davis avec quiconque), la vie s'est parfois obscurcie. 1962 : Pelé se déchire les muscles adducteurs à Vina Del Mar, au Chili, première alerte sérieuse. 1966 : agressions du Bulgare Jetchev et du Portugais Morais. Pelé blessé, le Brésil perd la Coupe du monde. Suit une longue période de découragement. 1976, New York : affaibli par la maladie et la drogue, Miles Davis renonce à la musique. Il ne réapparaîtra dans un studio d'enregistrement que bien plus tard.

Le prix à payer, peut-être, pour une improvisation réussie, domaine privilégié du génie créateur. Mais en football comme en

5. Saxophoniste et compositeur de jazz américain (1920-1955).

jazz, l'improvisation n'est pas soumise à l'arbitraire ; elle s'appuie, au contraire, sur des schémas préétablis. C'est, par exemple, Pelé cherchant Coutinho par une *tabella* (une-deux) au cours d'un Tournoi de Paris et incurvant brutalement sa course vers son partenaire. Coutinho a pressenti l'improvisation et laisse filer le ballon que Pelé va percuter au fond des filets.

Football et musique, langages-univers. Chez Pelé et Miles Davis, le même envol vers la liberté, le même *écart* du créateur. Deux œuvres d'art rebondissant sur la durée.

Pelé pourtant a pris l'avantage sur Miles Davis. Il est le seul artiste à avoir créé devant un milliard d'hommes. C'était, ce jour-là, la finale de la Coupe du monde à Mexico. Au stade aztèque, l'équipe du Brésil surclassait celle d'Italie. Pelé fut à la conclusion ou à l'origine de trois buts sur quatre. Une fête de l'esprit.

Le souvenir de Pelé est une fenêtre ouverte sur la mer.

↳ Métaphore - Espoir, rêve, ...

Pour analyser le document

1. Retrouvez dans les deux premiers paragraphes et reformulez les qualités qui font de Pelé un « mythe ».

2. Dans la suite du texte, mettez en évidence les similitudes établies par l'auteur du document entre Pelé et Miles Davis. Définissez en quoi consiste le « génie créateur » de ces deux hommes.

3. Quelle est l'utilité du rapprochement entre sportif et musicien ?

Thèmes de réflexion, d'exposé ou de débat

1. Sous forme de deux exposés biographiques, présentez d'une part le joueur de football Pelé, de l'autre le musicien de Jazz Miles Davis pour préciser et illustrer les données comparatives du texte.

2. Exposé : en quoi le football peut-il être considéré comme un moyen d'expression, un langage ?

DOCUMENT 15

ESSAI

Luc Levaillant, ***Éric Cantona*** (1997), « Les compacts de l'info ». © Casterman.

Le document ci-dessous retrace, de manière narrative et informative, certains épisodes de la carrière d'Éric Cantona, épisodes qui permettent de comprendre à la fois les choix d'un sportif et les tentations qui s'offrent à lui dans différents domaines de la vie sociale. L'extrait commence au moment où le joueur a décidé de mettre fin à sa carrière, mais accepte néanmoins de rejoindre un club anglais.

Le bonheur Outre-Manche

Cantona s'essaie à Sheffield, puis signe à Leeds. La ville du Yorkshire attend un titre depuis une dizaine d'années. Cantona va le lui apporter. Et la presse populaire anglaise, qui l'attendait au tournant, le surnommant *Crazy Canto*[1] ou *The Bratt* (le sale môme), surnom jusque-là réservé au tennisman John Mac Enroe, doit en rabattre. L'intégration se fait en accéléré. Ça tourne quasiment à l'histoire d'amour entre un étrange étranger et une Angleterre éberluée. Les tribunes résonnent de « ooh-aah-Cantona ». Le Français qui parle l'anglais comme une vache espagnole se laisse même aller à déclarer au public conquis : *« I don't know why I love you, but I love you »* (je ne sais pas pourquoi je vous aime, mais je vous aime). La saison suivante, il migre à Manchester et l'hystérie grimpe encore. L'enfant terrible des Caillols[2], à l'allure de bandit sarde et à la prestance de matamore[3], fait défaillir les fils roux et blêmes de la cité économiquement sinistrée, qui oublient le chômage endémique et les usines désertées dans le rock, la bière et le foot. Hasard ? chance ? choix ? Cantona vit au plein cœur du *soccer* (le foot, en anglais). Il y adhère de toute son âme, mais va le métamorphoser par son étrangeté. Cantona appartient à Manchester United (MU),

1. Canto le fou.
2. Quartier de Marseille où est né Cantona.
3. Personnage vantard de la comédie italienne.

club emblématique s'il en est, et il va réussir à endiguer la malédiction qui interdisait MU de titre depuis un quart de siècle. Il porte avec fierté le maillot rouge de la Red Army, mais en relève le col en dandy mal rasé. Il a choisi le numéro 7 et, bien sûr, c'est celui que portait George Best, un génial ailier irlandais soûlographe, mais au lieu de faire uniquement dans l'action d'éclat, dans l'exploit individuel comme son aîné, Cantona prend le jeu à son compte, en devient le dépositaire et l'aiguilleur. C'est l'heure de la maturité. En confiance, il s'épanouit. Il est à son aise dans cet univers où les créateurs ne se font pas systématiquement descendre, où les autres joueurs gravitent autour de lui comme autant de satellites autour du soleil noir. Sa femme est lectrice de français à l'université de Leeds. Son fils grandit dans un système d'éducation où le sport prime. Et lui vit de longs mois au Novotel de Manchester, entre échangeurs d'autoroute et zone industrielle, plus comme un héros de Wim Wenders[4] que comme un VRP de foot. Pour bien s'imprégner de la sensation qu'il n'est là que de passage. Pour relativiser quand on le surnomme le « King ».

Guignol-star

La renaissance anglaise de Cantona et son duo frappeur avec Papin en font une star multimédia. Son entrée aux *Guignols de l'Info* de Canal + démultiplie son aura[5]. En marionnette, le voilà philosophe, poète du ballon rond qui essaie de faire entrer quelques profondes pensées dans le crâne de cet écervelé ras-du-bulbe de Papin, qui continue à l'appeler « Picasso » malgré ses grognements de réprobation. Cette exposition à la fois drolatique et pertinente dope sa valeur marchande. La société Nike s'est fait une spécialité de prendre sous tutelle les extravagants du sport. Les tennismen

4. Cinéaste allemand, auteur entre autres du film *Paris Texas*, qui met en scène un vagabond.
5. Gloire et réputation.

Mac Enroe et Agassi ont ouvert la voie. Nike aime les révoltes et les fracas de Cantona et capitalise sur cette image de mauvais garçon. La marque américaine le présente en « cauchemar d'entraîneur ». Puis annonce : « 1966 a été une grande année pour le football anglais. Cantona est né. » Passant sous silence la victoire de la douce Albion en coupe du monde cette même année… Mais bientôt, des produits grand public commencent à s'intéresser à l'image de Cantona.

De façon moins provocatrice, plus au second degré. Après Papin, Cantona fait la promotion des rasoirs Bic. Il se retrouve sous la douche, en charlotte[6], prenant à contre-emploi son image de macho. Pour les caméscopes Sharp (principal sponsor de MU), il tourne en dérision, à la pointe du Raz, sa célèbre maxime (« Quand les mouettes… »). L'engouement est réel, surtout en Angleterre. Là-bas, Cantona doit même intenter un procès à des marques d'alcool qui utilisent son nom sans son accord. Les livres et les cassettes vidéo se multiplient. Même le cinéma pense à lui. Étienne Chatiliez lui donne un second rôle dans son film *Le bonheur est dans le pré*. Aux côtés de Sabine Azéma et Eddy Mitchell, celui qui défila pour Paco Rabanne[7] s'en tire fort bien… dans le rôle d'un joueur de rugby ! Les sollicitations pleuvent, le tiroir-caisse tilte. Les revenus annuels de Cantona en 1995 sont estimés à 7 millions de francs. Mais le plus étonnant est que cet intérêt se décuple alors que Cantona fait sa cure de silence.

Le « king-fu[8] »

Tout va donc pour le mieux. Le Français en exil volontaire vit un conte de fées en Angleterre. Pour son étrangeté grandiloquente et son particularisme revendiqué, il y est encensé comme aucun Français

---

6. Bonnet de douche orné de dentelle.

7. Couturier espagnol né en 1934.

8. Jeu de mots sur Kong fu, art martial chinois et king-fu, qui fait apparaître le mot anglais *king*, « le roi ».

avant lui. Mais un mercredi de janvier 1995, le brûleur de vaisseaux[9] se remet lui-même en rade. Un défenseur lui fricasse les côtes. Il répond, on l'expulse. Il sort. Depuis les tribunes, un spectateur éméché, vitrier de son métier et néonazi de convictions, lui crache sa haine au visage: « Sale bâtard de Français, retourne dans ton pays. Enculé de Français, enculé de ta mère, fils de pute. » Au lieu de passer son chemin d'un air méprisant, Cantona entend lui faire rentrer l'injure dans la gorge. Et, façon Bruce Lee[10], il se balance à pieds joints, dans le ventre du buveur de bière. Ensuite, il regagne les vestiaires, sous les symboliques jets de thé d'un public choqué. La faute est grave, la punition va être terrible. Cantona est interdit de football pendant 8 mois. L'équipe de France ferme ses portes à celui auquel elle avait confié le brassard de capitaine. Les tabloïds s'acharnent. Et la justice le condamne à une peine de prison qui sera transformée en travaux d'intérêt collectif. Cantona pourrait sombrer. Il se contente de se taire, fidèle à une royale devise : ne jamais s'expliquer, ne jamais se plaindre. La maturité lui fait s'accepter tel qu'il est ; génial et fou, tendre et violent, arrogant et inconséquent. Tel un prisonnier, il effectue son temps, accomplit sa peine en enseignant le foot à des gamins et prépare son retour. Il sera grandiose. Il marque un but dès son entrée en jeu. Et remonte Manchester aux sommets, lui offrant le doublé coupe-championnat. Mais si l'Angleterre se pâme de nouveau pour le repenti, pour le pacifié, pour l'assagi, la France le raye des listes. Aimé Jacquet, le sélectionneur, a fait une croix sur l'incorrigible incorruptible. Cantona affiche une trop forte personnalité. Même s'il parle peu, son aura marque, son poids pèse. Sur le terrain, l'équipe doit s'articuler autour de lui. Sinon, il est plutôt un frein. Avant tout, Jacquet veut transmettre le témoin à une nouvelle génération. Cantona n'est donc

9. « Brûler ses vaisseaux » signifie accomplir un acte qui interdit tout retour en arrière.
10. Acteur spécialisé dans les films de karaté.

pas de l'expédition en Angleterre pour l'Euro 96. Grand bien lui fasse. L'équipe de France y manque singulièrement d'inspiration et se perd dans une prudence défensive. Tout ce contre quoi l'enfant des Caillols n'a cessé de se battre. Au risque de se perdre. Alors, il est retourné à son silence, à ses rêves d'absolu et à son gazon anglais.

Pour analyser le document

1. Les intertitres du document délimitent des périodes de l'activité sportive d'Éric Cantona. Résumez chaque étape et caractérisez-la en mettant en relief ce qui en fait la force et/ou l'originalité.

2. Certains des épisodes mettent en évidence des choix et des comportements qui relèvent des « dérives » du sport. Identifiez-les et expliquez ce qu'il peut y avoir de répréhensible dans ces attitudes.

3. Que révèle cet « itinéraire d'un sportif » sur la « starisation » et les effets qui en découlent. En quoi le sport peut-il être rapproché de la vie sociale ?

DOCUMENT 16

ESSAI

Jacques Defrance, ***Sociologie du sport*** (2006), chapitre IV. © La Découverte.

Dans un extrait de l'essai Sociologie du sport, *Jacques Defrance étudie l'importance des héros sportifs et la manière dont ils sont transformés en mythes.*

Les figures du sport offrent des modèles d'identification possibles à des publics relativement jeunes (dès l'âge de 10 ou 12 ans), qui ne connaissent encore que des noms de chanteurs ou de personnages présentés dans la culture scolaire (écrivains et hommes historiques au programme). Des travaux ont plus particulièrement examiné auprès de quels groupes les héros sportifs peuvent fournir un modèle d'ascension sociale (la vie et la mort du footballeur Garrincha auprès du public populaire brésilien : Leite Lopes et Maresca, *in ARSS*

[1989][1] ; études sur la boxe, Wacquant [1989][1] ; ou une perspective de reconversion, de fuite hors d'une condition devenue intenable (parmi les hommes de condition ouvrière en Angleterre dans les années 1920 et 1930 : Tomlinson, *in* Cantelon et *al.* [1988][1] ; ou parmi les enfants de la bourgeoisie en échec scolaire ou en « rupture de ban » avec leur famille). D'autres ont cherché à montrer comment le champion permettait de penser un destin commun, de donner un point de ralliement pour des populations hétérogènes en voie d'intégration dans un groupe nouveau mais pas nécessairement supérieur ou inférieur (immigrés aux États-Unis, populations récemment urbanisées, groupes en poste aux colonies).

La célébration des héros sportifs, comme les autres littératures mythologisantes[2], opère une transfiguration[3] des actes réellement accomplis et des personnes. La réalisation d'une performance extrêmement difficile, réussie au terme d'un travail coûteux, rationnel, opiniâtre, etc., devient un geste léger, harmonieux, évident, l'agent passant par une sorte d'« état de grâce », d'inspiration créatrice, ou par un état de médium dont le corps laisse passer une énergie d'un calibre supérieur à celui du commun des mortels (les « surhommes »).

L'analyse fonctionnelle formule ici des hypothèses qui n'ont rien de spécifique aux mythes sportifs. La figure du héros fonctionne comme support d'identification collective (les Bretons se reconnaissent en Bernard Hinault[4]), elle peut contribuer à désamorcer des tensions liées à l'inégalité sociale (les jeunes Noirs rêvant de se sortir du ghetto en regardant les basketteurs Michael Jordan et Tony Parker, les immigrés en suivant Zinedine Zidane).

1. Comme dans la plupart des documents sociologiques, les noms sont ceux de chercheurs en sociologie, les dates sont celles de certains de leurs travaux auxquels il est fait référence.

2. Qui racontent ou créent des mythes.

3. Changement d'apparence, de forme.

4. Coureur cycliste originaire des Côtes d'Armor, cinq fois vainqueur du Tour de France.

Pour analyser le document

1. Quelles sont, selon certains travaux sociologiques, les fonctions des héros sportifs ?

2. Qui sont les bénéficiaires de ces fonctions ? Répondez à partir du premier et du troisième paragraphes.

3. Expliquez la notion de « *transfiguration* » (paragraphe 2) des actes et des personnes. En quoi favorise-t-elle l'adhésion au sport et l'identification aux héros ?

La Charte des sportifs de haut niveau

Extraits du Préambule

Le sport de haut niveau joue un rôle social et culturel de première importance. Conformément aux valeurs de l'Olympisme énoncées dans la Charte Olympique et aux principes déontologiques du sport, il doit contribuer, par l'exemple, à bâtir un monde pacifique et meilleur, soucieux de préserver la dignité humaine, la compréhension mutuelle, l'esprit de solidarité et le fair-play. [...]

L'État et le mouvement sportif sont garants du respect des principes énoncés dans la présente charte. Avec le concours des collectivités territoriales et des entreprises, ils veillent à ce que soient réunis les moyens nécessaires pour soutenir le développement du sport de haut niveau, en vue de favoriser l'accès des sportifs à leur plus haut niveau de performance et à la meilleure expression de leurs capacités sociales et professionnelles.

Extrait du chapitre I : des sportifs, « Règle VI »

Les sportifs de haut niveau participent à la lutte contre le dopage et aux actions de prévention menées dans ce domaine par l'État et le mouvement sportif. Ils s'interdisent de recourir à l'utilisation de substances ou de procédés interdits.

Thème de réflexion, d'exposé ou de débat

Recherchez dans les annales des sports quelques figures de sportifs particulièrement célèbres, qui restent dans l'Histoire. (Certains de ces sportifs figurent dans cette anthologie.) Présentez-les rapidement et expliquez les raisons de leur célébrité.

■ Le culte de la performance

La société d'économie **libérale** dans laquelle nous vivons invite chacun d'entre nous – avec une certaine force persuasive – à adopter l'idéologie du « plus » contre laquelle s'insurge Albert Jacquard (→ DOCUMENT 17, p. 64) : travailler plus, gagner plus, agir plus vite, construire plus haut, dépenser plus pour répondre aux incitations, toujours plus nombreuses, de la société de consommation et de la publicité, se divertir toujours davantage pour échapper au stress grandissant de la vie… La difficulté d'accepter des **limites**, qui s'imposeraient comme un mur infranchissable, limites dont l'existence caractérise pourtant la nature humaine, est particulièrement présente dans le domaine sportif, dont elle justifie tous les efforts pour aller *« plus vite, plus haut, plus fort »*. Il existe ainsi des similitudes très étroites entre les **impératifs sportifs** et la **vie sociale**, à croire que ce sont les premiers qui ont une influence sur la seconde. Mais le principe *« que le meilleur gagne »* instaure une lutte pour le résultat fondé sur une compétition sociale dans laquelle il n'y a pas que des champions en lice. Le **culte de la performance**, moteur de progrès dans le sport, mais où il entraîne parfois de vrais dégâts (→ DOCUMENT 19, p. 70), risque d'avoir des effets pernicieux dans le domaine social et suscite des interrogations : comment détermine-t-on le « meilleur », et qu'est-ce que chacun est prêt à faire pour le devenir ?

≈ néfaste

ESSAI

Albert Jacquard, ***Abécédaire de l'ambiguïté. De Z à A ; des mots, des choses et des concepts*** (1989), « S comme sport », coll. « Point virgule ». © Le Seuil.

De Z à A, l'Abécédaire de l'ambiguïté *est un ensemble de réflexions sur la société contemporaine. Son auteur, le scientifique Albert Jacquard, y aborde le sport de manière critique.*

Cent mille spectateurs qui vocifèrent et s'enrhument, trente joueurs qui se disputent violemment un ballon et s'épuisent. Des milliers de sans-le-sou venus, en dépensant leur dernier billet, admirer des vedettes qui gagnent en quelques matches ce qu'eux-mêmes ne gagneront pas durant toute leur vie. Chaque jour nos journaux, nos télévisions, nous présentent ces événements comme du « sport ». Le résumé de ce qui s'est passé tient en quelques chiffres, le score, qui désigne le gagnant et mesure sa supériorité.

Par mille canaux, notre société nous amène à croire que le moteur de la vie est la compétition. On ne parle que de gagneurs ; il nous faut, paraît-il, préparer les enfants à entrer dans cette catégorie, faute de quoi ils seront des perdants, des minables. Cette vision effrayante du sort humain a envahi le domaine de l'activité physique ; on ne parle plus que de sport de compétition, oubliant que l'origine de ce mot est le vieux français « desport » qui signifiait amusement.

Oui, il s'agit de m'amuser, de profiter de la conscience que j'ai du fonctionnement de mon corps, pour en jubiler, pour obtenir de lui plus qu'il ne voulait donner. Entrer en compétition, oui, mais avec le seul compétiteur digne de moi : moi. Pourquoi vouloir sauter plus haut que X ou courir plus vite que Y ? Il est plus important de sauter aujourd'hui plus haut que moi hier, de courir plus vite que moi. Pour y parvenir j'ai sans doute besoin de l'exemple des autres ; pour descendre de 20 à 19 secondes, aux 100 mètres, j'ai besoin de l'exemple de ceux qui sont descendus à moins de 10 secondes ; c'est là leur seule utilité.

Dans les sports d'équipe, on admet volontiers que seul compte l'ensemble constitué par les participants ; chacun est au service de tous ; le joueur trop individualiste est mal jugé. Ce constat ne doit pas être limité à chaque équipe, il faut l'étendre à la collectivité que constitue la totalité de ceux qui jouent : lorsque le « 15 de France » rencontre le « 15 du pays de Galles », nous sommes face non à deux équipes qui se battent, mais à une seule équipe de trente joueurs qui, pour notre plaisir, pour la joie de nos yeux, se sont répartis les rôles. La qualité du jeu dépend à égalité de tous, qu'ils soient d'un côté ou de l'autre. Si quelques-uns jouent mal, c'est l'ensemble de la partie qui sera raté.

Quel progrès nous obtiendrions contre nos vieux réflexes stupides si, au lieu de glorifier la victoire de telle équipe, nous jugions simultanément les deux équipes en fonction de la ferveur de leur engagement ! Imaginez qu'en première page de votre journal on ne parle que de la qualité du jeu ; l'on n'y apprendrait que dans une page intérieure le score obtenu, ou même on l'ignorerait. Imaginez des stades où soit supprimé le tableau enregistrant les buts et les points. Imaginez que l'on n'entende plus dans les rues, le soir du match, tous ces braillards avinés criant stupidement « on a gagné », alors que ceux qui crient ont bien peu de part dans ce « on ».

Je ne sais quel peuple africain se passionne pour le football, mais a apporté à la règle du jeu une légère modification : lorsqu'un joueur de l'équipe A marque un but contre l'équipe B, il va aussitôt jouer dans cette équipe B, en échange d'un membre de celle-ci. L'intérêt du spectacle est ainsi prolongé.

Dans l'ambiance actuelle de nos sociétés, un tel comportement semble absurde ; au mot sport nous associons spontanément le mot *compétition*. La sagesse serait pourtant de lui associer le mot *connivence*.

Si la vie se résume à une succession de combats toujours recommencés, pour l'emporter sur les autres, elle est dès le départ rendue définitivement vaine, gâchée. Dans la nature, la compétition n'est nullement une attitude nécessaire ; les exemples sont nombreux d'entraide, de mise en commun, de connivence. Pour l'espèce humaine, cette connivence est particulièrement nécessaire, car chaque membre de l'espèce a besoin des autres pour s'accomplir. Pour faire un homme, il faut des hommes. Nous sommes l'espèce qui est, de très loin, celle où l'apprentissage, c'est-à-dire l'écoute de l'autre, joue le plus grand rôle.

Chaque affrontement peut être bénéfique à condition qu'il soit vécu comme une occasion d'enrichissement, non comme une possibilité de victoire. Dans la lutte entre deux hommes ou entre deux groupes d'hommes, deux issues sont possibles : ou bien ils sont tous les deux gagnants, s'ils ont su surmonter leur antagonisme, s'écouter, se regarder, et finalement se sourire ; ou bien ils sont tous les deux perdants, s'ils ont cherché à se détruire l'un l'autre, à s'ignorer, à se haïr. Quant à l'issue comportant un gagnant et un perdant, elle est tout simplement impossible ; certes on peut parfois croire que l'on a vaincu, mais l'histoire nous montre que c'est toujours une illusion dont la durée est le plus souvent brève. Qui a gagné, Caïn ou Abel ?

Pour analyser le document

1. Récapitulez et reformulez les critiques qu'Albert Jacquard adresse au sport et à la notion de compétition. En quoi ces critiques dépassent-elles le sport ?

2. Quelle forme de compétition admet-il cependant ?

3. Dans quelles conditions l'affrontement sportif peut-il être enrichissant et porteur de valeurs, selon Albert Jacquard ? Quelles idées cet auteur suggère-t-il concernant certaines compétitions ? En quoi ces idées sont-elles opposées à l'esprit actuel du sport ?

Thème de réflexion, d'exposé ou de débat

Le sport peut-il exister sans esprit de compétition ?

DOCUMENT 18

ARTICLE DE PRESSE

ISABELLE QUÉVAL, © ***Libération*** (18/04/2001), « Le complexe d'Astérix »

Dans un article du quotidien Libération, *la philosophe Isabelle Quéval, elle-même ancienne sportive de haut niveau, fait une analyse critique des conséquences, sur le plan alimentaire, du culte de la performance qui anime les sociétés modernes.*

Les Grecs, ces lointains cousins d'Astérix, définissaient [la santé] par la mesure, la proportion convenable des humeurs, l'harmonie avec la nature. Nous, Modernes, avons choisi la démesure. Les Anciens avaient une fascination pour la limite, nous avons résolument et depuis longtemps, au moins depuis les lumières, choisi le progrès à tout prix, l'illimité.

« *No limits* », vantent un certain nombre de publicités ou de slogans sportifs à l'intention des jeunes. Point de surprise alors, sauf celle de la mauvaise foi, à constater que notre société tout entière et pas seulement sportive, comme le montrait si justement il y a quelque temps Alain Ehrenberg[1], voue, quasiment en aveugle, un véritable culte à la performance.

Mais le sportif de haut niveau n'est en réalité que le bouc émissaire d'une société qui est en toutes ses facettes ce qu'on appellera une « société dopante ». À commencer par le biais de la publicité, notamment dans ses messages concernant l'alimentation. « Manger sain pour être plus performant ! » sublimissime association des deux idéaux précédemment cités, comme pour nous faire croire à leur réconciliation et, du coup, à notre bonne conscience, comme si le bien-être supposément procuré par la nourriture était compatible avec ces injonctions permanentes à « se dépasser », « s'éclater », « se déchirer », « se défoncer », « s'arracher », expressions, au passage, hautement familières du vocabulaire sportif et entrepreneurial[2] !

1. Sociologue.
2. Du domaine de l'entreprise.

Astérix, c'est l'histoire d'un type qui ne peut pas être lui-même sans boire de la potion magique. C'est donc notre histoire à tous, nous les premiers Gaulois, plus gros consommateurs d'antidépresseurs du monde, nous dont la publicité ne cesse de vanter pour nos enfants des « quatre-heures à moteur » sans lesquels la journée scolaire devient insurmontable, des céréales dont les vertus sont telles que la bande dessinée derrière la boîte nous raconte que ceux qui les consomment sont soupçonnés de dopage, des yaourts, des desserts, des potages, toujours « enrichis en quelque chose », publicité qui incite nos élèves et étudiants et nous-mêmes, adultes surmenés, tous unis dans le même stress de la performance, à l'école comme à l'entreprise, à consommer en période d'examens ou de fatigue moult vitamines et autres antifatigue, boissons reconstituantes, générateurs de sommeil.

Santé et performance, c'est le nouveau duo à la mode de la publicité pour l'alimentation. Certes, personne ne s'est jamais dopé au jus d'orange (enrichi en vitamine C), ni même à l'aspirine (fluidifiant sanguin réduisant les courbatures). Mais l'attitude dopante ne commence pas avec le dopage répertorié – celui de Virenque[3] –, elle commence dans nos têtes, dans nos mœurs, dans une idéologie de la performance qui conduit à penser que l'alimentation et tous ses adjuvants, et bientôt les fameux « alicaments[4] », permettront d'améliorer cette performance. L'attitude dopante, c'est d'abord une habitude, un confort psychologique, un réflexe, la vie quotidienne sous perfusion de bonne conscience alimentaire : que de thèses restent à écrire sur les messages subliminaux de ces inoffensives céréales que consomment nos enfants sous nos yeux rassurés !

Qu'y a-t-il donc de surprenant à ce que le sportif, et *a fortiori* le sportif de haut niveau, forcément un peu narcissique, obsédé par ses

3. Coureur cycliste français au palmarès brillant, mais impliqué dans un scandale de dopage, l'affaire Festina, en 1998.

4. « Mot valise », néologisme formé à partir des mots « aliments » et « médicaments ».

sensations, attaché aux performances de son corps, soit finalement particulièrement réceptif au message que la société tout entière, la publicité nous envoient : une performance, un adjuvant, et l'alimentation pour prétexte !

Mais bouc émissaire aussi, Richard Virenque, parce qu'on l'a accusé de tricher. Et certes, au regard des lois sportives, de ces règles et de cet esprit, le fameux fair-play, qui fondèrent le sport moderne, Richard Virenque a indéniablement triché et menti. Cependant, on pourrait regarder ce mythe, et ce qu'on lui fait dire, à deux fois. Parce que Richard Virenque lynché par les médias, quand avant lui Johnny Hallyday, Françoise Sagan ou Sartre ont reconnu s'être drogués pour assurer finalement eux aussi une performance, une création et sans que, à ce que l'on sache, celle-ci ait été annulée, ni minimisée, par l'aveu de dopage, c'est quand même deux poids deux mesures. Parce qu'on sait pertinemment aussi que, dans bien des domaines, la littérature et le « show-biz », la politique et l'armée, dans la préparation des concours, les individus qui consomment des drogues pour améliorer leurs performances sont, c'est le cas de le dire, légion [...].

En 1900, à Paris, l'Américain Irving Baxter devint champion olympique de saut à la perche en franchissant 3,30 m avec une perche en bois, quand le record actuel de Sergueï Bubka est aujourd'hui de 6,15 m. On ne saurait donc ignorer à quel point, après les améliorations des techniques, du matériel et de la diététique, le dopage s'inscrit bien dans la suite logique de cette quête humaine d'amélioration et de dépassement de soi dont il est aujourd'hui une forme chimique et pharmacologique répréhensible, mais dont on peut supposer qu'il prendra à l'avenir des formes génétiques, cellulaires, de greffes ou de prothèses, peut-être indécelables.

Que penser dès lors d'un dopage indécelable ? Qu'aurait-on pensé également, si, au lieu de s'extasier avec condescendance sur l'athlète handicapé qui courut, aux jeux Paralympiques, le 100 mètres avec une prothèse et dans un temps admirable, celui-ci avait couru plus vite que Maurice Greene, choquant nos préjugés sur un sport prétendument « naturel » ?

La complexe question du dopage ne justifie pas qu'on fasse de sportifs de 25 ans des bannis de la société quand d'autres, dans l'ombre de la même société, buvant à la source de la même idéologie, mais sans avoir à servir un tel mythe que celui du sport sain et égalitaire, s'adonnent finalement aux mêmes pratiques.

On pourra répondre à cela que les sportifs, eux, choisissent la lumière et l'argent et en paient le prix. Certes, ils en meurent aussi parfois, justifiant en cela qu'au titre de l'hygiène publique, comme le port de la ceinture de sécurité ou les lois antitabac, on les empêche de se doper.

On aimerait cependant que la publicité et la pression sociale, agitant aujourd'hui comme un hochet le leitmotiv d'une alimentation enrichie, une alimentation de la performance, puissent cesser, par les moyens habiles qui sont les leurs, de faire potentiellement de nos enfants de petits Astérix.

Pour analyser le document

1. Comment se manifeste, selon Isabelle Quéval, l'omniprésence de la notion de « performance » dans notre société ? Est-elle limitée au sport ?

2. Pourquoi cette société est-elle caractérisée par le mot « dopante » ?

3. Comment les notions de « santé », « performance » et « dopage » sont-elles associées dans le texte ? Comment le sport rejoint-il ici la vie sociale ?

DOCUMENT 19

RAPPORT OFFICIEL

Avis n° 81 du Comité consultatif national d'éthique (CCNE) pour les sciences de la vie et de la santé (novembre 2008).

Le CCNE a pour vocation d'émettre des avis sur des problèmes de santé publique. L'avis 81 est consacré au sport de compétition et aux conséquences, sur les sportifs, de son développement intensif, à la recherche de la performance.

L'évolution de la compétition sportive ces dernières décennies conduit à un certain nombre de phénomènes préoccupants, jouant sur la limite entre extrême et excès. La recherche de hautes performances et de records demandant à être toujours améliorés a pour conséquence des déséquilibres tant physiques que psychiques. Le fait qu'en matière de records, il est désormais quasi impossible d'améliorer sensiblement les scores pousse à multiplier les compétitions, à créer sans cesse de nouvelles disciplines (le triathlon par exemple n'a qu'une vingtaine d'années et rassemble trois disciplines déjà existantes), à évaluer au-delà du significatif les mesures (le centième, voire le millième de seconde), comme à jouer sur l'âge de plus en plus précoce de certains compétiteurs. Atteindre les résultats escomptés demande un entraînement et une mise en condition du corps et de la personne extrêmement rigoureux, d'autant plus difficile à justifier qu'il peut s'agir d'enfants. L'ingestion de substances diverses, à des doses déraisonnables, peut constituer à moyen et à long terme un risque grave pour la santé. Poussée à son terme, cette « discipline » conduit d'ailleurs au dopage, évoqué ci-dessous. Un entraînement précoce et excessif modèle et déforme les corps de façon artificielle. Certes, il n'est pas facile d'apprécier la limite entre le naturel loué et l'artificiel dénigré, entre l'humain souhaitable et l'inhumain inacceptable, entre le normal et le pathologique. Comment faire en sorte que l'intéressé(e) – ou ses parents – ait conscience des bénéfices et des risques à court et à moyen terme pour que les déformations subies n'aient pas de graves conséquences en matière de qualité de vie à moyen et à long terme, voire de longévité d'autre part ?

Déjà confronté à la question en 1993, le CCNE s'inquiétait de ce que « les problèmes médicaux posés par la pratique sportive de compétition ou d'initiation à la compétition semblent nombreux : action sur la croissance et la puberté ; fréquence des atteintes articulaires et osseuses par des microtraumatismes ou des traumatismes plus évidents, dont les conséquences à long terme commencent à être connues ; effet pathogène[1] à court terme chez l'adulte…, effet pathogène à long terme, encore insuffisamment évalué, de la pratique du sport de compétition et de l'entraînement intensif. Il s'agit notamment des risques vasculaires et de perte osseuse… C'est dans le sport de compétition de masse et dans le sport de haut niveau, surtout lorsque l'entraînement intensif débute tôt chez l'enfant (gymnastique, natation, tennis) que les risques sont les plus élevés ». La situation ne semble pas, hélas, s'être améliorée depuis.

En France, dans certaines structures d'accueil et de formation artistiques ou sportives, plusieurs heures d'entraînement par jour sont exigées (en complément d'une scolarité obligatoire), exerçant ainsi sur les élèves souvent l'équivalent de vraies violences, infligées par un modèle éducatif contestable. La grande majorité devra en fait abandonner les honneurs de la compétition ; et l'avenir de ces enfants sera malgré tout souvent chargé de plaintes et de souffrances physiques, ou/et psychosomatiques[2] préoccupantes. On observe notamment dans ces populations de jeunes filles des cas fréquents de troubles du comportement alimentaire avec aménorrhée[3], qui appartiennent de toute évidence à la pathologie anorexique[4]. Certains de ces jeunes sportifs abandonneront à la suite d'accidents liés au surmenage que l'on impose à un appareil locomoteur encore fragile. Parfois ce sera du fait de troubles psychologiques parmi lesquels les dépressions ne sont pas rares.

De toute façon, même pour les meilleurs, les carrières sont brèves et en gymnastique olympique il n'est pas rare de voir des champions ou des championnes retraités à 18/20 ans. Des intérêts financiers immédiats dépassant parfois les intéressés eux-mêmes peuvent compromettre la santé à moyen terme. Les autres risquent fort de

1. Qui peut provoquer une maladie.
2. Trouble organique révélant un problème psychique.
3. Absence des règles.
4. Caractérisée par un refus de s'alimenter.

grossir la cohorte des sans-emploi, avec le sentiment d'avoir été exploités et de s'être laissé voler la partie potentiellement la plus créative de leur jeunesse. Nombreux aussi sont ceux qui devront leur vie durant supporter un handicap physique plus ou moins sévère, lié à un, voire souvent à plusieurs accidents graves.

Dès lors les critères éthiques susceptibles de réglementer de telles pratiques devraient pour le moins s'inspirer de la Charte des Nations unies pour les Droits de l'enfant. Devrait aussi être récusée toute atteinte à la santé (présente et future) des enfants, à leur épanouissement, de même qu'à la maturation et aux apprentissages nécessaires à toute intégration sociale décente à l'âge adulte. Cette maturation ne saurait aller sans faire la place qui lui revient à l'échange et au jeu. En effet toute vie est échange et l'éducation se doit d'ouvrir à une vie commune qui ne soit pas essentiellement compétition, mais apprentissage de diverses formes de collaborations.

Ce qui vaut pour les enfants vaut aussi pour les adultes ; les sportifs professionnels par exemple se doivent d'être protégés par les règles du droit du travail. « Le contexte [technique et social actuel] rend surhumaines, au risque de devenir inhumaines, les conditions de la performance (augmentation des difficultés, accélérations des rythmes, diminution des temps de récupération…). L'accroissement des charges de travail est favorisé conjointement par les dirigeants, les organisateurs et les employeurs » (*art. cit.*, p. 320s[5]). Il est évident qu'une telle « fuite en avant » ne peut perdurer ; la société se doit de se poser sérieusement la question du sens profond d'exigences de plus en plus excessives. Aussi la question de la mesure de la bonne performance ne saurait se résoudre en quelque recette simpliste, mais bien par une profonde remise en question des valeurs et des perspectives sur lesquelles nos sociétés entendent fonder présent et avenir.

5. Référence à un article de la sociologue Claire Carrier.

Pour analyser le document

1. Reformulez et classez par domaine les conséquences de l'évolution de la compétition sportive observées par le CCNE. D'où vient leur gravité ?

2. Quelles sont les recommandations implicites et/ou explicites données par le CCNE ?

3. Quels principes d'éducation semblent guider les remarques et les recommandations du CCNE ?

> **Serment olympique des athlètes**
>
> Le serment qui suit a été prononcé pour la première fois par l'escrimeur belge Victor Boinwurde aux Jeux Olympiques d'été à Anvers, en 1920 :
>
> « Au nom de tous les concurrents, je promets que nous prendrons part à ces Jeux Olympiques en respectant et suivant les règles qui les régissent, en nous engageant pour un sport sans dopage et sans drogues, dans un esprit de sportivité, pour la gloire du sport et l'honneur de nos équipes. »

DOCUMENT 20

ARTICLE DE PRESSE

ROBERT REDEKER, © ***Le Monde*** (11/06/2010), « Sport mondialisé et ruse de l'histoire ».

Dans un article publié par le quotidien Le Monde, *le philosophe Robert Redeker s'intéresse aux origines historiques et au sens de la notion de « perfectibilité ». Sa réflexion le conduit à envisager l'évolution et les caractéristiques des sociétés occidentales à partir de l'idée d'un constant dépassement et d'une planétarisation du sport.*

Le sport s'est planétarisé. La Coupe du monde de football en Afrique du Sud – après les Jeux Olympiques à Pékin – permet de prendre la mesure de cette planétarisation. Les mêmes jeux, les mêmes spectacles, les mêmes enthousiasmes se retrouvent tout autour du globe. Pourtant, ce qui s'opère sous couvert de cette planétarisation n'est jamais analysé. À y regarder de près, en effet, une curieuse ruse de l'histoire semble à l'œuvre dans les épousailles de tous les peuples avec le sport.

Le sport rend visible, partout et à chaque instant, l'âme du monde moderne : la passion de l'« infinitisation[1] » et de l'illimité. Quelle est la loi de ce monde, dont une célèbre formule présente dans le *Discours de la Méthode* de Descartes, *« nous rendre comme maîtres et possesseurs de la nature »* – a donné le coup d'envoi ? Commencés en Europe au XVIIe siècle, les Temps modernes se manifestent par le refus de la finitude. Rousseau, ainsi que la plupart des autres penseurs des Lumières, en particulier Kant, dissertent sur la « perfectibilité[2] » de l'homme. La butée[3] de la mort est trouée par la perfectibilité, où l'on reconnaît le concept central de l'anthropologie[4] des Lumières : l'homme est fini mais, à l'opposé des autres espèces vivantes, il est perfectible. Il se perfectionne lui-même, l'histoire le perfectionne. La perfectibilité imaginée par les philosophes des Lumières est tout ensemble : celle de chaque individu et celle de l'espèce prise dans son entier. De fait, quand Pascal[5] compensait notre inconsolable finitude[6] par Dieu, les modernes, sur le modèle de Rousseau et de Kant, la compensent par la perfectibilité.

Non seulement le sport exige chaque jour des performances dépassant celles de la veille, mais aussi il réclame toujours plus de spectateurs, toujours plus d'Audimat, toujours plus d'événements. Il apparaît ainsi analogue à la technique et à l'industrie : aller toujours plus loin dans l'exploitation des potentialités de la

1. Action de rendre infini, sans limites.
2. Recherche d'un constant perfectionnement.
3. L'obstacle, comme si la mort pouvait être assimilée à un mur auquel chacun se heurte.
4. Étude de la dimension sociale de l'homme.
5. Philosophe français du XVIIe siècle, auteur des *Pensées* (1623-1662).
6. Le fait d'être limité.

nature. Sous cet aspect, il est une machine à alimenter le vertige du quantitatif.

Le sport ne supporte pas la limite – cette haine de la limite signalant le trait saillant distinguant la civilisation moderne occidentale de toutes les autres. Désormais, l'existence humaine épouse les contours du sport – il est exigé d'elle de faire toujours plus, de courir toujours plus vite, de vivre plus longtemps, de travailler plus intensément, de gagner toujours plus d'argent, d'améliorer ses performances, de rester jeune le plus longtemps possible, de plus en plus longtemps au fur et à mesure que passent les générations.

L'homme moderne voit dans la limite l'ennemie qu'il importe de vaincre, et qui pourtant résiste. Il se bat contre la limite à l'instar de l'ascète[7] de jadis contre la tentation. Il la voit comme le Diable l'empêchant d'être un homme. Elle est l'ennemie de chaque instant – dont il sait bien pourtant que, sous la forme de la mort, elle finira par avoir le dernier mot. Sur tous les écrans, sur toutes les ondes et dans tous les journaux, le sport illustre, en flux continu, cette bataille incessante. L'infatigable popularité du sport s'explique par là : il est l'imagier de la préoccupation constante de l'être humain contemporain, tout attaché à repousser les limites de ses forces, de l'âge, du vieillissement, de la mort. Un étrange étonnement, mâtiné d'incrédulité, nous saisit lorsque nous apprenons la mort d'un champion. Un étonnement plus grand encore, mêlé d'admirative frayeur, nous fait frémir lorsque le champion, à l'instar d'Achille[8], a été fauché pendant l'action même de pulvériser toutes les limites, tel Ayrton Senna[9]. Comme nous usons de l'« illimitation » à la façon d'un remède contre la mort, nous peinons à comprendre que

---

7. Personne qui soumet sa vie à une discipline stricte.

8. Héros (demi-dieu) de l'Antiquité mort d'une blessure au talon, seule partie de son corps qui soit vulnérable.

9. Coureur automobile de formule 1 (1960-1994), champion du monde des conducteurs en 1988, 1990 et 1991, mort des suites d'un accident survenu lors du Grand Prix de San Marin.

le trépas puisse rattraper le champion, lui qui avait pour ainsi dire passé la limite, comme on passe le mur du son, la laissant derrière soi.

Le lieu sacré où le caché et l'essentiel viennent à apparaître

Né en Angleterre aux temps de la révolution industrielle, le sport est le dispositif qui exporte et planétarise l'âme de l'Occident moderne : la haine de la limite. Il ne se contente pas d'exporter le goût de la consommation. Il ne se contente pas d'exporter la publicité jusque dans les zones les plus déshéritées. Il ne se contente pas d'exporter le spectacle télévisuel des affrontements sportifs. Il exporte notre âme, à nous Occidentaux modernes.

Les autres civilisations ne connaissent pas – et n'ont jamais connu – ce que nous appelons le sport parce que, dans toutes, l'*hybris* (la démesure) passe pour le péché suprême. Au « rien de trop » de la sagesse grecque répond son inverse : le « plus vite, plus haut, plus fort » de l'olympisme contemporain. Partout on rencontre la joute, l'agôn[10], mais en Occident seulement, et dans les temps modernes seulement, s'est développé le sport de compétition. Les autres civilisations ont eu des jouteurs, seul l'Occident moderne planétarisé a des sportifs. En réalité, toutes les civilisations deviennent occidentales, au sens moderne, en se « sportivant », en se prenant d'engouement pour le sport. Toutes, par le biais du sport, apprennent la haine de la limite et sont conduites à rompre avec leurs traditions de condamnation de la démesure.

Le sport amène les autres peuples et civilisations à adhérer à l'âme du monde occidental moderne. C'est une âme biface, dont les traits s'exposent à merveille dans le sport : d'un côté la haine (de la limite), de l'autre côté la valeur, passionnément courtisée (l'« illimitation »). La valorisation de l'illimitation engendre la course aux records, tous exprimables en termes mathématiques quantitatifs.

10. Mot grec désignant l'action, le combat, par opposition, dans les jeux, à l'aléa qui désigne la chance.

Le monde entier devient Occident par l'intermédiaire du sport. La future domination planétaire de la Chine et de l'Inde ne signifie, paradoxalement, rien de moins que le triomphe, par procuration, de l'Occident moderne. Le sport, en injectant aux âmes les prétendues vertus des stades, aura rendu possible ce passage de relais.

La Coupe du monde de football – l'événement sportif par excellence – diffuse à toute la planète les vertus les plus intimes de la modernité. Le sport – en particulier le football, le sport roi, le sport par excellence – est le miroir magique dans lequel s'exhibent à tous les traits les plus essentiels de ce monde moderne.

C'est dans le sport que l'homme moderne apprend à se connaître, et à reconnaître ce qu'il est, comme jadis dans le culte religieux. Les yeux, paraît-il, sont le miroir de l'âme. Dans le football, l'âme du monde moderne, mélange cruel et ludique d'infini et de compétition, parvient à la visibilité. Si le football est l'âme devenue planétaire de la modernité, alors la Coupe du monde est à notre modernité ce que Lourdes et Fatima[11] sont à la mariolâtrie[12] : le lieu sacré où le caché et l'essentiel viennent à apparaître. Rien d'autre que ce quasi-miracle n'explique le succès de cette Coupe du monde !

---

11. Lieux où sont supposés s'être produits des miracles.

12. Terme de connotation péjorative associant le culte de la Vierge Marie à une forme d'idolâtrie.

Pour analyser le document

1. Expliquez en quoi s'opposent les notions de « finitude » et de « perfectibilité », et comment l'auteur en vient à aborder ces termes à partir du sport. Précisez l'origine historique de la « perfectibilité ».

2. Quel terme récurrent apparaît à partir du paragraphe 4 ? Quelles sont les relations mises en évidence entre ce terme, le sport et la notion de civilisation ? En particulier, quels sont les effets et le pouvoir de la planétarisation du sport ?

3. Quelle est la thèse de Robert Redeker à propos des effets de la planétarisation du sport et de son caractère religieux ? Quels pouvoirs l'auteur reconnaît-il au sport ?

Thèmes de réflexion, d'exposé et de débat

1. L'auteur du texte fait référence à l'esprit des Lumières. Que désigne ce terme, qui en sont les représentants et quelle a été son importance dans les domaines historique, philosophique, artistique et littéraire ? Construisez un exposé pour répondre à ces questions (une vingtaine de lignes pour chaque question).

2. Faites une recherche pour présenter la notion d'*hybris* telle qu'on la trouve dans l'Antiquité et expliquez en quoi on peut l'associer au sport.

■ Le dopage

La question du dopage est directement liée au culte de la performance, mais pose de nombreuses questions non résolues, dont la première, essentielle, est celle de sa **définition.**

Selon le CIO[1], le dopage est défini comme le fait *d'administrer des substances appartenant à des classes interdites d'agents pharmacologiques et/ou d'utiliser différentes méthodes interdites.* » La définition induit l'existence de produits et de méthodes qui seraient acceptés et suggère l'existence de listes de ces produits ainsi que des produits prohibés. La référence à des substances interdites fait aussi émerger l'idée de **contrôles** et de vérifications, sans qu'on sache clairement dans quelles conditions et avec quelles suites. De nombreuses affaires de dopage dans le cyclisme ont montré les limites de ces vérifications, et l'extrême inventivité de certains pour les contourner ou les rendre inefficaces.

Au sujet du **dopage**, et sans le justifier en aucune façon, certains sociologues rappellent que les sportifs doivent, lors de leur entraînement et surtout lors des compétitions, fournir des **efforts surhumains**, que l'organisme ne peut

1. Comité international olympique, instance suprême des Jeux Olympiques (voir texte p. 19).

affronter sans aide. À cette occasion, certaines voix signalent que l'utilisation des produits dopants est tolérée chez d'autres, intellectuels, artistes (→ DOCUMENTS 21 et 22, p. 80 et 82) sans aucune vérification ni limite. Les analyses faites par les sociologues du sport font aussi savoir que tout ce qui est fait pour aider, soutenir, soulager, rendre plus efficient, s'inscrit dans une recherche **technique** (des équipements plus performants) et **médicale** (des produits contre les blessures, contre la douleur, contre le stress, pour développer la masse musculaire…) dont la finalité est de lutter contre les **limites humaines**. Il s'agit, comme le dit Paul Yonnet (→ DOCUMENT 21, p. 80) de *« ne pas laisser faire la nature »*, en cherchant à **repousser** constamment les limites humaines.

Ainsi, il est paradoxal de constater que la recherche et l'expérimentation de substances et de pratiques nouvelles de dopage s'inscrivent dans une démarche de recherche scientifique et de progrès qui rejoint celle de la science. Mais il faut aussi savoir que les produits actuellement utilisés sont tous dévoyés par rapport à leur utilisation officielle (→ DOCUMENT 22, p. 82) et que les conséquences d'une utilisation à la fois excessive et détournée de ces produits ne sont pas toutes connues. On sait cependant déjà que certaines sont catastrophiques pour l'organisme humain.

DOCUMENT 21

ESSAI

PAUL YONNET, ***Huit Leçons sur le sport*** (2004), Leçon VII, « Le dopage », © Éditions Gallimard.

Dans Huit Leçons sur le sport, *le sociologie Paul Yonnet répond à un certain nombre de questions sur les pratiques sportives. Dans l'extrait ci-dessous, il met en évidence un aspect paradoxal du dopage.*

Et l'on comprend aussi pourquoi, en un sens, tous les sportifs peuvent être dits « dopés ». Parce que tout athlète est un être d'artifice, construit par l'artifice, équipé par l'artifice, instruit par l'artifice, aidé par l'artifice. Par l'artifice, c'est-à-dire par le matériel et par une multitude de savoirs. Tous les sportifs sont dopés, mais

Chapitre II • Document 12, p. 50.
Art grec antique (VIe siècle avant J.-C.), Course à pied, céramique à figures noires.

Chapitre II • Document 24, p. 88.
Javier Soriano, « Dopez-vous au lait », photographie du Tour de France 2006.

Chapitre III • Document 29, p. 104.
Affiche pour le match de rugby au Stade de France, « Racing Metro 92, Stade Toulousain » (26/03/2011).

Chapitre III • Document 31, p. 109.
Pichon, dessin de presse (2004).

Chapitre IV • Document 40, p. 138.
Plantu, dessin extrait du recueil *Wanted* (2001).

Chapitre IV • Document 43, p. 147.
Berth, *Paris-Dakar* (2010).

Chapitre V • Document 47, p. 165.
Affiche du film de Clint Eastwood, *Invictus* (2009).

Chapitre VI • Document 55, p. 192.
Tony Avelar, joueur de base-ball devant sa télévision (2010), photographie.

Chapitre VI • Document 56, p. 192.
Vol en ULM, page d'accueil du site Internet sport-decouvertes.com.

Chapitre VI • Document 58, p. 197.
Couverture de *Courrier international* (avril 2007).

seuls certains sont en contravention, parce qu'ils transgressent les règles ou les lois qui régissent le sport.

Autrement dit, à partir d'une définition générale du *dopage*, qui, dans sa forme contemporaine, n'est rien d'autre qu'*un avatar* ou *la conséquence logique et prévisible de la préparation biomédicale de la performance*, on peut mettre la barre très haut ou très bas, faire varier le curseur des interdits dans toutes les positions, entre la position extrêmement haute du Comité international olympique (CIO), qui interdit des centaines de produits mais ne se donne pas les moyens de faire respecter ses règlements, et la NBA[1] ou le base-ball, proches du laxisme total ! Le raisonnement à partir d'une définition ne suffit donc pas. La lutte antidopage ne peut résulter que d'un *accord des volontés*, elle ne peut être qu'*arbitraire* et plus ou moins incohérente (et donc insatisfaisante sur le plan intellectuel), elle ne peut résulter que d'une *convention librement acceptée et loyalement appliquée* – celle-là même dont le contenu est l'enjeu de la mise en place de l'Agence mondiale antidopage (AMA).

Le concept de dopage fuit. Il prend l'eau. On ne peut en boucher les trous et en colmater les brèches que par de l'arbitraire et du contrat. Bon. Mais continuons à réfléchir. Dépassons le plan de la réflexion utile, d'application sociale immédiate. La définition du dopage, c'est administrer des aides artificielles à la performance, autrement dit *repousser les seuils naturels d'aptitudes, de capacités*. C'est tout simplement l'une des définitions de la médecine : intervenir sur la nature grâce aux connaissances acquises et accumulées, pour ne pas la laisser faire, ou pour l'améliorer. Au-delà, c'est tout simplement la définition même de l'activité humaine, c'est tout simplement par quoi l'on peut définir l'activité de l'homme – dont la culture, le travail et la connaissance tendent à modifier la nature.

1. Fédération américaine de basket-ball.

Voilà pourquoi la question du dopage est si difficile à conceptualiser. La lutte antidopage nous oblige tout à coup à récuser ce qui nous apparaît comme le destin de l'homme sur terre et fait le sens propre de son activité, par quoi l'on définit souvent son humanité : *ne pas laisser faire la nature.*

Pour analyser le document

1. Expliquez le caractère inattendu de la première phrase : en quoi annonce-t-elle la suite ?

2. Pour quelles raisons, d'après l'auteur, la lutte contre le dopage ne peut-elle être qu'incohérente et donc peu efficace ?

3. Qu'est-ce qui explique qu'il puisse paraître « inhumain » de combattre le dopage ? Que traduisent ces raisons ?

DOCUMENT 22

ESSAI

Jean-François Bourg, ***L'Esprit sportif aujourdhui*** (2004), « Le dopage », © Encyclopaedia Universalis.

L'Esprit sportif aujourd'hui *est un essai regroupant diverses études sur le sport. Le sociologue Jean-François Bourg s'est intéressé aux raisons du dopage et aux difficultés que posent sa surveillance et son interdiction.*

Le dopage est un phénomène social de grande échelle. L'homme n'a jamais pu accepter ses limites physiques ou mentales. Le recours à la cocaïne chez l'écrivain, aux amphétamines chez l'étudiant, aux stimulants chez le manager, aux antidépresseurs chez le tourmenté, aux dopants militaires les plus sophistiqués chez les cosmonautes américains et soviétiques ou à la pilule Viagra chez l'homme s'inscrit dans une volonté d'amélioration des performances et de mieux-être. Chez le sportif, il correspond également aux exigences d'une société concurrentielle qui détermine une logique obsessionnelle du dépassement de soi. Car l'exploit athlétique naît d'un subtil mélange d'adresse, de motivation et de condition physique, trois exigences que le dopage peut être à même de satisfaire. Dans 95 % des cas, les substances utilisées sont des médicaments détournés de leur vocation thérapeutique : l'éphédrine (asthme) facilite la mise en action du sprinter en réduisant son temps de réaction, l'hormone de croissance (pédiatrie) accroît la masse musculaire de l'haltérophile, le Prozac (dépression) renforce la résistance à la souffrance du marathonien, l'érythropoïétine ou EPO (anémie) augmente l'endurance du cycliste en stimulant le transport de l'oxygène dans le sang, la tacrine (maladie d'Alzheimer) est consommée par le pilote de formule 1 ou le joueur de golf soucieux de mémoriser son futur parcours, un bêta-bloquant (hypertension artérielle) réduit les tremblements du tireur, la modafinil, molécule antisommeil prise par les militaires durant la guerre du Golfe, est récupérée par les navigateurs des courses en solitaires.

À la suite des multiples scandales qui ont affecté le sport de haut niveau ces dernières années (Tour de France et Tour d'Italie cyclistes, rugby de l'hémisphère Sud, athlétisme américain, football en Italie, etc.), le procès du dopage a pris une dimension nouvelle qui le fait apparaître comme une pratique massive et organisée, et non pas comme un acte isolé et marginal. De fait, jamais, dans l'histoire du sport moderne le dopage n'a occupé une place aussi considérable. Il est vrai que, désormais, la valeur du sport de haut niveau n'est estimée qu'à la seule aune de ses records. [...][1]

Où commence le dopage ?

Si le dopage est omniprésent, il n'a de sens juridique et n'est sanctionné que dans le sport, lequel, il est vrai, s'est fondé sur plusieurs mythes expliquant cette spécificité : pureté de l'effort,

1. Le passage manquant (pages 134-139) donne une liste historique d'affaires de dopage.

égalité des chances, incertitude des résultats, activité saine et naturelle. Le dopage s'inscrit donc à la fois dans le cadre d'une transformation sociétale (esprit de concurrence et de compétition, obligation de résultat) qui exige de l'individu qu'il soit meilleur que lui-même, et dans un mouvement général de médicalisation de la société qui s'accompagne d'une instrumentalisation du corps.

En fait, la « géométrie» du dopage constitue la première incertitude. Il n'existe pas de consensus sur sa définition. Les controverses qui l'entourent révèlent des conceptions opposées sur ce que serait le « sens » du sport. De plus, il existe un dopage connu et repérable, et un autre indétectable et non recherché. Si l'on admet que le dopage consiste à recourir à des aides artificielles à la performance, un dopage illicite, très mal contrôlé, apparaît. La frontière entre dopage autorisé et non autorisé est arbitraire : le premier recouvre l'ensemble des médicaments préparateurs ou reconstituants licites, ordonnés et ingérés en dehors de toute indication thérapeutique, c'est-à-dire de toute maladie, afin d'optimiser le niveau de l'athlète en repoussant chimiquement ses seuils naturels. Le second est défini par la liste des produits interdits élaborée par l'Agence mondiale antidopage (AMA), à partir de trois principes : le produit possède le potentiel d'améliorer la performance, il représente un risque pour la santé, il est contraire à l'éthique du sport. Pour qu'une substance fasse partie de cette liste, il faut qu'au moins deux de ces principes soient remplis. Avec l'application des nouveaux critères de l'AMA à la liste des spécialités pharmaceutiques françaises contenant des substances dopantes, 308 spécialités sur 950 ont cessé d'être interdites le 1er janvier 2004, date d'entrée en vigueur du code mondial antidopage, désormais seule référence internationale (dénombrement effectué par le docteur Jean-Pierre de Mondenard dans *Sport et Vie*, n° 82, janv.-fév. 2004).

Grâce à cette réduction des produits prohibés, la plus importante depuis les premières interdictions dans les années 1960, de nombreux produits dopants sont « autorisés sans restriction ». Par exemple, l'usage d'anesthésiques locaux est toléré, afin de permettre à l'athlète de poursuivre la compétition. De même, le recours massif à la caféine, un stimulant efficace surtout s'il est associé à l'aspirine, échappera à tout contrôle puisqu'un tel produit ne figure plus sur la liste de l'AMA. Pourtant, dans ces deux cas, il y aura bien eu une forme de dopage si on considère, avec le docteur Jean-Pierre de Mondenard, que celui-ci est constitué par tout ce qui permet au corps d'évoluer au-delà de ses aptitudes naturelles, par des moyens extraphysiologiques : par exemple, provoquer un coup de fouet, masquer la douleur, et cela de façon dangereuse pour la santé et contraire à l'éthique sportive.

Pour analyser le document

1. Retrouvez dans le texte les différentes raisons qui peuvent expliquer l'importance prise par le dopage. Classez ces raisons et dites ce qui ressort de ce classement.

2. L'auteur du document explique pourquoi il est difficile de lutter contre le dopage : quelles sont les explications qu'il propose ?

3. Quelles relations entre le sport et la société apparaissent dans ce document ?

DOCUMENT 23

ARTICLE DE REVUE

Pascal Duret, ***Cahiers français***, n° 320 (mai-juin 2004), *Sport et société*, « Compétitions et dopage ». © La Documentation française.

Sans jamais le justifier, il est possible de trouver des explications à la pratique du dopage dans un contexte qui modifie à la fois le statut du sportif et les exigences du public.

Le constat selon lequel le dopage met en péril la santé des sportifs ne doit pas masquer le fait que la haute compétition sollicite le corps jusqu'au dépassement de ses limites. Dopé ou pas, franchir en bicyclette un col de première catégorie revient à mettre son cœur à dure épreuve. En gravir plusieurs dans la journée ne peut qu'être dévastateur pour la santé. Et renouveler plusieurs jours de suite cet exploit (ce qui est sans doute impossible sans « rééquilibrage hormonal »), confine à une manière de suicide. Dans ces conditions d'extrême sollicitation des corps, le dopage paraît inévitable. Ainsi, comment ne pas se montrer incrédule quand, d'une part, on annonce une diminution du nombre des contrôlés positifs et quand, d'autre part, les moyennes de courses s'élèvent sans cesse, au point que tout le peloton réussit aujourd'hui l'ascension de l'Alpe d'Huez dans des meilleurs temps que ceux de Fausto Coppi ou Eddy Merckx[1] ?

Mais, par-delà la dénonciation des hypocrisies, les évolutions actuelles du sport de haute compétition soulèvent deux types de questions. Les premières concernent d'abord le statut de champion : naguère encore héros, il est devenu une star. Cette mutation a en partie libéré le champion d'exigences morales qui constituaient précédemment des contraintes incontournables. Mêlé à des affaires de dopage ou de corruption, non seulement il ne perd pas toujours son crédit mais il peut parfois se voir conforté dans son exceptionnalité. Dans un processus circulaire, la « starisation » fait entrer dans le monde des affaires comme les affaires concourent à la « starisation ». L'important pour la star est de se rendre visible, tout surcroît de médiatisation semble bon à prendre. Cela ne veut pas dire pour autant que ses conduites soient toutes acceptées, mais le blâme éventuel appartient au public plutôt qu'aux institutions sportives. L'opinion publique ne suit plus l'institution sportive, elle la précède. Regarder les cyclistes s'échiner des journées durant

1. Champions cyclistes héros du Tour de France.

sur les pentes des Alpes ou des Pyrénées incite les spectateurs à une dangereuse indulgence, qui va pour beaucoup jusqu'à pardonner l'emploi de quelques adjuvants pour accomplir une épreuve perçue à juste titre comme surhumaine.

À ce propos, il faut noter que l'aisance avec laquelle Lance Armstrong[2] remporta ses quatre premières victoires du Tour de France ne le rendait guère sympathique aux yeux du public. Cette facilité discréditait l'effort des autres concurrents. Ses échappées laissaient derrière lui une procession de souffrance, sans que sur son visage ne passent ni la peine ni l'effort. Les journalistes ne se privaient pas de marquer la différence entre lui et ses prédécesseurs, les autres « géants du tour » (Coppi, Anquetil, Merckx, Hinault…) qui, aussi grand que fut leur talent, n'en demeuraient pas moins des « forçats de la route[3] ». Il a donc fallu attendre le Tour du centenaire et la détermination de Jan Ullrich, pour mettre fin à l'absolutisme de l'Américain et pour que, de simple formalité, l'épreuve se transforme en « duel épique[4] ». Les souffrances qui accompagneront sa cinquième victoire du Tour lui apporteront la gloire qui jusque-là lui faisait défaut.

Le deuxième type de questionnement revêt une dimension morale et concerne les limites à poser ou pas aux prises de risques consenties par les sportifs. Jusqu'où peut-on jouer avec sa santé ? Les sportifs ne dépassent-ils pas les bornes du supportable ? Ce type d'interrogations n'est vraiment pertinent qu'à condition que le spectateur consente à cesser de vouloir un spectacle toujours plus extraordinaire, tout en s'étonnant des dégâts occasionnés par ce caractère extrême des compétitions. Tant que l'on estimera que c'est au sportif qu'il revient de décider qu'il est propriétaire de son corps, il faudra bien admettre

2. Coureur cycliste américain, plusieurs fois vainqueur du Tour de France.
3. Titre du reportage d'Albert Londres concernant le Tour de France de 1924 (voir p. 22).
4. Titre de couverture de *Vélo Magazine* (août 2003).

que la violence, certes la moins visible mais pourtant la plus déterminante, est celle des spectateurs. Changer, cela supposerait d'accepter l'organisation de compétitions présentant des performances moindres, avec par exemple pour le Tour de France un calendrier qui ne prévoirait plus une étape de trois cents kilomètres par jour mais une étape de cent cinquante kilomètres tous les deux jours. Les impératifs médiatiques ne valent que si le public les ratifie.

Pour analyser le document

1. Indiquez quels sont le contenu et l'utilité du premier paragraphe, puis identifiez le paradoxe sur lequel il se termine.

2. L'auteur envisage deux types de questions à propos du sport de compétition. De quoi s'agit-il dans le premier cas et quel est le rôle du paragraphe 3 ?

3. Quel est le problème envisagé dans le dernier paragraphe ? Qui se trouve alors concerné ?

DOCUMENT 24

PHOTOGRAPHIE

JAVIER SORIANO, **« Dopez-vous au lait »**, photographie du Tour de France 2006. Ph. © Javier Soriano/AFP Photo (→ CAHIER COULEUR, p. I).

La photographie proposée est datée du 2 juillet 2006, qui marque le début du Tour de France.

Pour analyser le document

1. Décrivez ce que vous voyez sur la photo en mettant en évidence les différents plans.

2. Faites ressortir les différentes oppositions présentes sur l'image.

3. Sur quels aspects du sport et du dopage la photo conduit-elle à réfléchir ?

Thème de réflexion, d'exposé ou de débat

Préparez, pour une présentation orale, une mise en parallèle les deux images du Tour de France qui figurent dans l'anthologie (DOCUMENTS 4, p. 21 et 24, p. I du cahier couleur) : sur quoi renseignent-elles le spectateur qui les regarde.

POUR S'EXERCER À LA SYNTHÈSE

1. Mettez en parallèle l'extrait de l'*Iliade* (→ DOCUMENT 2, p. 16) et celui des *Forçats de la route* (→ DOCUMENT 5, p. 22) pour faire apparaître tout ce qui les oppose, après avoir signalé les raisons de leur rapprochement.

2. Mettez en parallèle le texte d'Henry de Montherlant (→ DOCUMENT 13, p. 50) et le texte de Luc Levaillant consacré à Éric Cantona (→ DOCUMENT 15, p. 56) pour comparer deux images de sportifs.

3. Rapprochez le document de Luc Levaillant (→ DOCUMENT 15, p. 56) et celui de Pascal Duret (→ DOCUMENT 23, p. 85) pour mettre en évidence les dérives qui menacent les « stars du sport ».

4. Les dangers du culte de la performance. Identifiez-les et faites-en un classement à partir des trois documents suivants : texte d'Albert Jacquard (→ DOCUMENT 17, p. 64), avis n° 81 du CCNE (→ DOCUMENT 19, p. 70), article d'Isabelle Quéval (→ DOCUMENT 18, p. 67).

5. Étudiez de quelle manière se trouve posée et analysée la question des « limites » dans le texte d'Isabelle Quéval (→ DOCUMENT 18, p. 67) et dans l'article de Robert Redeker (→ DOCUMENT 20, p. 74).

6. Faites apparaître les raisons qui peuvent expliquer le dopage et les difficultés rencontrées pour le vaincre en rapprochant les trois documents suivants : (→ DOCUMENTS 21, p. 80, 22, p. 82 et 23, p. 85).

CHAPITRE III
SPORT, SPECTACLE ET ARGENT

Sport et spectacle

Sport et argent

Pour analyser le document : après chaque document
Thèmes de réflexion, d'exposé ou de débat : après certains documents
Pour s'exercer à la synthèse : à la fin de chaque chapitre

« La popularité des spectacles sportifs tient sans doute à un éventail de qualités dramatiques et esthétiques singulières. »

CHRISTIAN BROMBERGER et LUDOVIC LESTRELIN, *Le Sport en France* (2008). © La Documentation française.

Qu'il soit jeu ou compétition, le sport entre dans la catégorie des « spectacles ». Il est fait pour être vu et implique, pour prendre toute sa valeur et tout son intérêt, la présence réelle et encourageante d'un public vivant, rempli de ferveur, qui communie dans l'admiration de ses champions et dans l'espoir de la victoire. Cette caractéristique est fortement exploitée par ceux qui y voient une possibilité de rentabilité : du spectacle on passe facilement à l'argent, qui entre dans la recherche du « toujours plus », jusqu'à dévoyer le sens initial de la performance.

■ Sport et spectacle

Les dimensions des stades, les images de **foules** en déplacement pour y accéder, les applaudissements ou les huées, les « olla » et les sifflets, toutes les manifestations sonores, la surexcitation générale, montrent le caractère **spectaculaire** des compétitions sportives et leur aspect **esthétique** (→ DOCUMENT 28, p. 100). Comme le signalent divers chercheurs, ces deux caractéristiques viennent de plusieurs facteurs conjugués : la foule colorée dans les gradins, arborant mascottes, étendards et écharpes aux couleurs du club, perruques et maquillages, la pelouse ou les pistes et installations diverses, qui tracent sur le sol des stades toute une géométrie codifiée, les **mouvements d'ensemble** des joueurs, qui ont inspiré bien des peintres, ces stratégies vues de loin, qui permettent au public des anticipations prometteuses ou décevantes.

Comme au **théâtre** (→ DOCUMENT 28, p. 100), les différents moments du spectacle sportif ont leur sens et donnent lieu à des représentations dramatisées, que le public aime observer, parfois en les redoutant, parce que cela lui fait éprouver une gamme complète d'émotions qui sont, en concentré dans le temps, celles de la vie. Le fait que dans un match l'issue ne présente que deux possibilité, gagner ou non, ajoute à la dramatisation. Cette combinaison de situations observées, redoutées, attendues et dans lesquelles le hasard est toujours présent, génère un véritable **plaisir** : le sport est une **fête**.

DOCUMENT 25

ESSAI

ROLAND BARTHES (1915-1980), ***Mythologies*** (1957), « Le monde où l'on catche », coll. « Points Essais ». © Éditions du Seuil.

Mythologies *est un ensemble de textes qui ont pour finalité de déchiffrer certains signes illustratifs de la société française des années 1950. Dans « le monde où l'on catche », Roland Barthes analyse les caractéristiques et le fonctionnement du catch, ses significations et les attentes des spectateurs.*

Il s'agit donc d'une véritable Comédie Humaine, où les nuances les plus sociales de la passion (fatuité, bon droit, cruauté raffinée, sens du « paiement ») rencontrent toujours par bonheur le signe le plus clair qui puisse les recueillir, les exprimer et les porter triomphalement jusqu'aux confins de la salle. On comprend qu'à ce degré, il n'importe plus que la passion soit authentique ou non. Ce que le public réclame, c'est l'image de la passion, non la passion elle-même. Il n'y a pas plus un problème de vérité au catch qu'au théâtre. Ici comme là ce qu'on attend, c'est la figuration intelligible de situations morales ordinairement secrètes. Cet évidement[1] de l'intériorité au profit de ses signes extérieurs, cet épuisement du contenu par la forme, c'est le principe même de l'art classique triomphant. Le catch est une pantomime immédiate, infiniment plus efficace que la pantomime théâtrale, car le geste du catcheur

fatuité : imbus de soi-m

1. Fait de vider, de faire disparaître.

n'a besoin d'aucune fabulation, d'aucun décor, en un mot d'aucun transfert pour paraître vrai.

Chaque moment du catch est donc comme une algèbre qui dévoile instantanément la relation d'une cause et de son effet figuré. Il y a certainement chez les amateurs de catch une sorte de plaisir intellectuel à *voir* fonctionner aussi parfaitement la mécanique morale : certains catcheurs, grands comédiens, divertissent à l'égal d'un personnage de Molière, parce qu'ils réussissent à imposer une lecture immédiate de leur intériorité : un catcheur du caractère arrogant et ridicule (comme on dit qu'Harpagon est un caractère), Armand Mazaud, met toujours la salle en joie par la rigueur mathématique de ses transcriptions, poussant le dessin de ses gestes jusqu'à l'extrême pointe de leur signification, et donnant à son combat l'espèce d'emportement et de précision d'une grande dispute scolastique[2], dont l'enjeu est à la fois le triomphe de l'orgueil et le souci formel de la vérité.

Ce qui est ainsi livré au public, c'est le grand spectacle de la Douleur, de la Défaite, et de la Justice. Le catch présente la douleur de l'homme avec toute l'amplification des masques tragiques : le catcheur qui souffre sous l'effet d'une prise réputée cruelle (un bras tordu, une jambe coincée) offre la figure excessive de la Souffrance ; comme une Pietà[3] primitive, il laisse regarder son visage exagérément déformé par une affliction intolérable. On comprend bien qu'au catch, la pudeur serait déplacée, étant contraire à l'ostentation volontaire du spectacle, à cette Exposition de la Douleur, qui est la finalité même du combat. Aussi tous les actes générateurs de souffrances sont-ils particulièrement spectaculaires, comme le geste d'un prestidigitateur qui montre bien haut ses cartes : on ne comprendrait pas une douleur qui apparaîtrait sans cause intelligible ;

2. Débat savant portant sur des questions de théologie.
3. Sculpture représentant la mère du Christ au pied de la croix.

un geste secret effectivement cruel transgresserait les lois non écrites du catch et ne serait d'aucune efficacité sociologique, comme un geste fou ou parasite. Au contraire, la souffrance paraît infligée avec ampleur et conviction, car il faut que tout le monde constate non seulement que l'homme souffre, mais encore et surtout comprenne pourquoi il souffre. Ce que les catcheurs appellent une prise, c'est-à-dire une figure quelconque qui permet d'immobiliser indéfiniment l'adversaire et de le tenir à sa merci, a précisément pour fonction de préparer d'une façon conventionnelle, donc intelligible, le spectacle de la souffrance, d'installer méthodiquement les conditions de la souffrance : l'inertie du vaincu permet au vainqueur (momentané) de s'établir dans sa cruauté et de transmettre au public cette paresse terrifiante du tortionnaire qui est sûr de la suite de ses gestes : frotter rudement le museau de l'adversaire impuissant ou racler sa colonne vertébrale d'un poing profond et régulier, accomplir du moins la surface visuelle de ces gestes, le catch est le seul sport à donner une image aussi extérieure de la torture. Mais ici encore, seule l'image est dans le champ du jeu, et le spectateur ne souhaite pas la souffrance réelle du combattant, il goûte seulement la perfection d'une iconographie[4]. Ce n'est pas vrai que le catch soit un spectacle sadique : c'est seulement un spectacle intelligible.

4. Représentation imagée.

Pour analyser le document

1. Retrouvez dans le texte tout ce qui permet de définir et de caractériser le catch : nature, déroulement, finalité, importance de la « forme ».

2. Malgré de nombreuses analogies avec le théâtre, le catch est présenté comme différent. Identifiez les analogies, puis expliquez les différences.

3. Quel est l'intérêt du catch pour le public, selon l'auteur ? Est-il un sport ou un spectacle ?

DOCUMENT 26

ESSAI

Jacques Defrance, ***Sociologie du sport*** (2006), chapitre III. © La Découverte.

Parmi les thèmes de réflexion et d'interrogation concernant le sport figure l'importance prise par la médiatisation, qui contribue largement à faire de la compétition un spectacle rentable. C'est la question qu'aborde ici Jacques Defrance.

En participant à la mise sur pied de grandes compétitions, à la création de prix ou de classements, en aidant à rameuter des entreprises qui financent la vie sportive, les médias exercent une action constituante sur le sport, pour le meilleur et pour le pire. Ainsi, les grandes heures du cyclisme (Tour de France, Grand Prix des nations, Critérium national, réunions au Vel'd'hiv') sont le fruit de l'action de journaux, *L'Auto*, *Paris-Soir*, etc. Mais l'organisation ne s'exerce pas sans pressions de toutes sortes, et les orientations morales des patrons de presse pèsent sur les épreuves. Henri Desgrange[1], par exemple, impose jusqu'au début des années 1930 une formule de course qui interdit toute entraide entre coureurs, semble-t-il pour contrer les constructeurs de cycles qui tentent d'établir des écuries[2] : la formule, très individualiste, est maintenue contre la volonté des coureurs.

Les organisateurs de spectacles et les hommes de médias exercent aussi des pressions en essayant de modifier les règles sportives dans le sens d'une plus grande valorisation du côté spectaculaire : transporter les épreuves pour des « exhibitions » dans des salles faites pour le public et les caméras ; privilégier et récompenser les dimensions visuelles de la performance, tels l'esthétique du geste ou le rythme du jeu (au tennis, formule de match avec les sets successifs disputés par des joueurs différents) ; créer des affrontements dramatiques,

1. Coureur cycliste célèbre (1865-1940) qui établit en 1893 le premier record sur piste. Directeur du journal sportif *Auto-Vélo*, il fut à l'origine du Tour de France.
2. Équipe de coureurs représentant la même marque.

sensationnels (la meilleure femme du tennis mondial contre le meilleur homme; ou la rencontre entre deux joueurs célèbres de générations différentes, Laver et Connors, à Las Vegas en 1974); favoriser les demandes du public plutôt que celles des joueurs, comme lorsqu'on autorise le public à crier dans les tournois de tennis américains; modifier le dispositif réglementaire et technique du jeu (formule du *tie-break*, modification du matériel, ballons, maillots, panneaux de basket, etc.) en fonction des impératifs de la télévision ou du spectacle. Dans certains cas, les organisateurs de spectacles et les hommes de médias (avec des industriels) ont contesté le pouvoir d'organiser le sport que détiennent les fédérations et les groupements sportifs, et ont tenté de se substituer à eux, notamment en sport automobile, tennis, ski, planche à voile, etc.

La logique sportive et la logique du spectacle et du profit, qui s'allient et s'affrontent en même temps, deviennent inextricablement mêlées dans des événements colossaux comme les Jeux Olympiques actuels ou la Coupe du monde de football [Sugden et Tomlinson[3], 1998]. Le devenir de telles constructions spectaculaires et leur aspiration par la logique commerciale suscitent des interrogations, auxquelles les analyses économiques et politiques du sport tentent d'apporter des réponses.

---

3. Nom de chercheurs en sociologie et date de travaux auxquels l'auteur du document fait référence.

Pour analyser le document

1. Résumez et reformulez les informations données par le premier paragraphe (l. 1-13).

2. À quoi est consacré le deuxième paragraphe (l. 14-34) ? Que met-il en évidence ? Quels sont les objectifs de ceux qui tentent de « modifier les règles sportives » ?

3. Sur quoi le troisième paragraphe (l. 35-42) met-il particulièrement l'accent ?

DOCUMENT 27

ARTICLE DE REVUE

VINCENT TROGER, © ***Sciences humaines***, n° 180 (février 2007), « Les paradoxes du sport. Sport et dopage – Perversion marchande ou rêve de surhumanité ? ».

Dans un article intitulé « Les paradoxes du sport », le sociologue Vincent Troger analyse les imbrications qu'on peut observer entre la médiatisation des compétitions sportives, l'argent et le dopage.

Les progrès de la télévision faisant de certaines compétitions sportives un spectacle de masse, et donc un support publicitaire majeur, le sport est devenu *« une composante du monde des affaires*[1] ». Le sport rapporte de l'argent à plusieurs niveaux : directement par les gains des spectacles qu'il propose, indirectement par les surfaces publicitaires qu'il offre et les consommations qu'il génère lorsqu'il impose un style vestimentaire ou qu'une pratique sportive amateur se répand dans la société. En 2000, les recettes engendrées dans le monde par le *sponsoring* ont été évaluées à 15 milliards de dollars, celles des droits de retransmissions télévisées à 42 milliards, et celles des tickets vendus dans les stades à 50 milliards. La conséquence sur la pratique sportive professionnelle est bien connue : *« Les enjeux économiques sont tels que le nombre des compétitions continue d'augmenter dans bien des disciplines entraînant une lourdeur du calendrier* [...]. *Le nombre de rencontres disputées par l'élite sportive n'a plus rien de commun avec ce qu'ont connu leurs prédécesseurs*[2]. » Henri Pélissier[3], en vingt-quatre ans de carrière cycliste, a couvert 52 000 kilomètres à 25 km/h de moyenne, Eddy Merckx[3], lui, en a parcouru 400 000 en treize ans à 37 de moyenne, et un coureur moyen contemporain en revendique plus de 30 000 par an a plus de 45 de moyenne. Dès lors, les blessures musculaires ou ligamentaires et les fractures de fatigue se multiplient, les fins de saison tournant parfois à la débâcle. Le

1. Citation empruntée à C. Sobry, sociologue.
2. Citation incomplète empruntée au sociologue C. Creuzé.
3. Champions cyclistes.

tournoi de tennis de Bercy, dernier tournoi de la série des Masters, pourtant très richement doté, a dû se passer cette année des stars du tennis mondial : Roger Federer, Rafael Nadal et leurs principaux concurrents se sont abstenus en invoquant leur épuisement.

Dans ce contexte de pression économique intense, Claude Sobry n'hésite pas à parler d'une *« rationalité sportive et économique du dopage »*. Lorsqu'un athlète arrive aux limites de ce que son corps peut naturellement supporter, il n'est plus rentable d'intensifier encore l'entraînement et les exigences de l'hygiène de vie. Le dopage devient à ce moment logique, sinon inéluctable : *« La fatigue consécutive à un entraînement intensif et de (trop) nombreuses compétitions, ainsi que la productivité décroissante du volume d'entraînement marginal en termes d'amélioration des performances peuvent conduire le sportif à l'utilisation de produits dopants. »* [...][4]

Parmi les sportifs qui ont recours au dopage, une minorité seulement en retire les avantages de la victoire, alors que l'ensemble des télévisions, des organisateurs et des industriels du sport gagne de l'argent grâce à la fréquence des spectacles sportifs et au niveau des performances atteint.

Dans ce premier type d'analyse, cependant, le sportif dopé n'apparaît que comme une victime du système, un innocent manipulé par des profiteurs machiavéliques. *« Pris dans la logique de la compétition, de l'argent, des techniques, des médias et de toute une série d'intérêts associés à la victoire, le sportif ne serait pas autonome »*, remarque Gilbert Hottois. *« Mais n'a-t-il pas choisi cette forme de vie ? N'est-il pas informé ? N'est-il pas libre de prendre ou non certains risques au terme d'un calcul entre ceux-ci et les bénéfices espérés ? Et si les risques sont plus élevés, les bénéfices (financiers ou narcissiques) espérés ne sont-ils pas à leur mesure ? »*

En évoquant les bénéfices *« narcissiques »* de la victoire, G. Hottois renvoie évidemment à la question de la motivation individuelle de

4. Il manque ici deux paragraphes consacrés aux relations entre l'environnement du sportif et le dopage.

la pratique sportive. Le « dépassement de soi » est la motivation la plus fréquemment citée par les sociologues du sport. Et ils sont unanimes à souligner que ce qui pousse les individus à vouloir ainsi se dépasser, c'est-à-dire transgresser les limites normales de leur corps, ce sont des motivations essentiellement narcissiques : estime de soi, reconnaissance des autres ou recherche de sensations exceptionnelles qui diffèrent de la banalité de la vie courante et valorisent l'auteur de l'exploit. *« Au cœur de l'action* [...], *l'individu éprouve le sentiment de s'appartenir enfin, de donner la meilleure version de lui-même. »* Même les joggers amateurs, *a priori* motivés par le souci de préserver leur santé à l'écart de toute compétition, connaissent l'excitation que procure la sensation du « second souffle » et mesurent souvent l'amélioration de leurs performances. *« Ce n'est pas parce qu'un sport est pratiqué par des anonymes, par des débutants ou par des individus sans prétention aucune de performance, qu'il exclut le dépassement de soi*[5]*. »*

5. Citation empruntée à I. Queval, philosophe.

Pour analyser le document

1. Expliquez, à partir des données du texte, en quoi le sport est devenu *« une composante du monde des affaires »*. Dans ce contexte, quelle est l'importance du *« sport spectacle »* ?

2. Quelles sont les diverses conséquences de l'association sport / spectacle / argent ? Étudiez, à partir de cette association, les relations entre le sport et la vie sociale.

3. Sport et dépassement de soi : que nous apprend le document à ce sujet ?

Thème de réflexion, d'exposé ou de débat

En prenant appui sur certains documents de cette anthologie, établissez une liste des différentes motivations qui poussent un sportif à se « dépasser ».

DOCUMENT 28

ESSAI

CHRISTIAN BROMBERGER et **LUDOVIC LESTRELIN**, ***Le Sport en France*** (2008), « Le sport et ses publics ». © La Documentation française.

Dans un extrait de l'essai Le Sport en France*, deux sociologues étudient les caractéristiques qui font du sport un des « spectacles emblématiques* [...] *du monde moderne ».*

La popularité des spectacles sportifs tient sans doute à un éventail de qualités dramatiques et esthétiques singulières. Contrairement à ce qui se passe au théâtre ou au cinéma, où les jeux sont faits et le texte écrit d'avance, l'histoire incertaine d'une compétition se construit devant le public qui entend peser, notamment dans les grands sports collectifs opposant des équipes locales ou nationales, sur l'issue de la confrontation. On pourrait donc dire de ces spectacles qu'ils sont « participatifs ».

La compétition sportive fait par ailleurs éprouver, dans le temps court d'une rencontre, toute la gamme des affects[1] que l'on peut ressentir dans le temps long et distendu d'une vie : la joie, la souffrance, la haine, l'angoisse, l'ennui, l'admiration, le sentiment d'injustice. On retrouve ici la « bonne dimension » qui, selon Aristote[2], modèle la tragédie, c'est-à-dire « celle qui comprend tous les événements nécessaires ou naturels qui font passer les personnages du malheur au bonheur ou du bonheur au malheur[3] ». Mais, pour éprouver pleinement ces émotions, encore faut-il avoir pris parti pour tel ou tel athlète ou telle ou telle équipe. Comme dans tout spectacle dramatique, l'identification à un personnage ou à une classe de personnages, le passage du « il(s) » au « je » ou au « nous » assurent sa densité à la représentation. On peut sans doute admirer,

1. Impression élémentaire, mouvement d'attraction ou de répulsion à la base de la vie affective.
2. Philosophe de l'Antiquité (384-322 avant J.-C.).
3. Citation extraite de la *Poétique* d'Aristote.

pour leurs qualités techniques et esthétiques, les prouesses des athlètes lors d'une rencontre sans « enjeu », mais seul l'esprit partisan donne le maximum de sel, de sens et d'intérêt pathétique à la confrontation que l'on regarde. La recherche d'émotions (*« the quest for excitement »*, selon les termes de Norbert Elias et Eric Dunning[4]), qui est un des ressorts essentiels du spectacle sportif, s'accommode mal de la neutralité.

Aux facteurs d'incertitude qui confèrent au spectacle de la compétition son piment dramatique spécifique se conjuguent des dimensions esthétiques ; le « tendre vert » de la pelouse sur lequel se détache le ballet coloré des joueurs, la beauté des corps et des gestes des athlètes, le jeu des parures dans les gradins… font des grandes rencontres sportives des moments exceptionnels d'esthétisation festive de la vie collective, des sources privilégiées – voire uniques pour certains, comme le souligne Peter Handke[5] – d'expérience et de sentiment du beau.

Mais si le sport est devenu un des spectacles emblématiques par excellence du monde moderne, ce n'est pas seulement en raison de ses propriétés scéniques, de ses ressorts pathétiques ou des registres variés d'identification (locale, nationale) qu'il offre, c'est aussi parce qu'il condense, à la façon d'un drame caricatural, les valeurs cardinales[6] de nos sociétés. Il exalte le mérite individuel ou collectif, la performance, le dépassement de soi dans des sociétés qui ont fait leurs règles d'or de la promotion, du classement, de la notation, de l'évaluation des compétences. Au fil des compétitions, il nous montre que – idéalement au moins – les jeux ne sont pas faits d'avance, que « n'importe qui peut devenir quelqu'un », que les statuts ne s'acquièrent pas à la naissance mais se conquièrent au fil

4. Sociologues auteurs de *Sport et civilisation, la violence maîtrisée* (voir p. 131).
5. Écrivain allemand contemporain.
6. Fondamentales, essentielles.

de l'existence. Au demeurant, il est profondément symptomatique que le sport, sous sa forme spectaculaire, se soit développé à deux moments de l'histoire où se lèvent les principes d'égalité et de démocratie, dans la Grèce antique et dans l'Angleterre des XVIIIe et XIXe siècles. Aurait-on conçu qu'un chevalier affrontât un serf dans un tournoi médiéval ? À l'évidence, non. à l'inverse, si Pelé[7], Carl Lewis[8], Laure Manaudou fascinent, c'est sans doute en raison de la qualité et de la beauté de leurs exploits, mais aussi parce que nous avons la certitude qu'« ils ont atteint la gloire par leur propre mérite, et non parce qu'ils ont eu la chance d'être bien nés, fils de...[9] ». Les sports symbolisent donc l'idéal des sociétés démocratiques et méritocratiques, exaltent l'égalité théorique des chances et illustrent l'adage : « On devient ce que l'on est, et non pas ce que l'on naît. » Les champions sont ainsi devenus les héros de notre temps, dépassant et relayant les vedettes de cinéma (le couple footballeur-mannequin, symbolisant la réussite et l'excellence corporelle, semble aujourd'hui au sommet de ce panthéon populaire).

Le grand stade – un genre architectural oublié depuis l'Antiquité et qui a connu une extraordinaire renaissance depuis la fin du XIXe siècle – s'offre par ailleurs comme un espace à la mesure de l'expression des phénomènes d'identité collective, dans le cadre de la vie urbaine contemporaine. Mais – faut-il le souligner ? – le public des sports ne se limite pas aux foules réunies dans un stade ou assemblées sur le bord des routes et des circuits. La médiatisation du spectacle sportif, qui s'affranchit largement des barrières linguistiques et des pesanteurs culturelles, en fait une sorte de référent universel, le seul langage commun à l'ensemble de la planète, compris de tous, transgressant les frontières des générations, des régions, des nations.

7. Footballeur brésilien (voir p. 52).
8. Champion américain de course à pied.
9. Citation du sociologue Alain Ehrenberg.

Nombreux sont ceux qui, en France, vivent le sport par procuration. Quand 35 % des Français déclarent assister à des spectacles sportifs payants, 77 % d'entre eux affirment regarder régulièrement, ou de temps en temps, des événements sportifs à la télévision. Si 1 741 heures de diffusion ont été consacrées au sport en 2006, soit seulement 3,8 % de l'ensemble des programmes en France, les téléspectateurs français ont consacré aux émissions sportives 76 heures de leur temps cette même année. Le sport représente ainsi plus de 6 % du temps passé par un individu moyen devant la télévision. En outre, les retransmissions télévisées des compétitions sportives mobilisent toujours de très forts taux d'audience. Cyclisme, tennis et rugby connaissent en France un large succès. Mais le football est, sans surprise, le sport le plus retransmis et le plus regardé. La demi-finale de la Coupe du monde de football opposant l'équipe de France à celle du Portugal a ainsi battu le record absolu d'audience, réunissant 22,2 millions de téléspectateurs (soit 80,3 % de part d'audience). Cet attrait pour le spectacle sportif *in praesentia* ou *in absentia*[10] varie toutefois considérablement selon les disciplines, le niveau des compétitions, leurs propriétés scéniques et pathétiques ainsi que les enjeux symboliques qui s'y cristallisent.

---

10. Auquel on assiste physiquement ou que l'on regarde sans y être réellement.

Pour analyser le document

1. Retrouvez dans le texte les caractéristiques dramatiques et esthétiques du sport qui en font un véritable spectacle. Dans quelles conditions ces caractéristiques sont-elles efficaces ?

2. Les auteurs du document évoquent une autre raison – sociale – qui fait du sport un spectacle : trouvez cette raison et donnez-en le contenu précis.

3. Expliquez quelle est la fonction du dernier paragraphe du document (l. 67-97). En quoi se rattache-t-il à l'idée de sport spectacle ?

Thèmes de réflexion, d'exposé ou de débat

1. Faisant référence à ce que ressentent les spectateurs d'un match ou d'une compétition, Christian Bromberger et Ludovic Lestrelin utilisent les termes *joie, souffrance, haine, angoisse, ennui, admiration, injustice* : trouvez et présentez des situations sportives susceptibles de correspondre à chacun des sentiments évoqués.

2. Les J.O. commencent et se terminent par de spectaculaires cérémonies : faites une recherche pour en déterminer les caractéristiques et les différentes finalités.

3. Assister à une compétition ou la regarder à la télévision ? Faites une étude comparée de ces deux attitudes.

DOCUMENT 29

AFFICHE PUBLICITAIRE

Affiche pour le match de rugby au Stade de France, **« Racing Metro 92, Stade Toulousain »** (26/03/2011), © Racing metro 92 (→ CAHIER COULEUR, p. II).

De plus en plus, les compétitions sportives sont annoncées par des affiches publicitaires dont l'objectif est d'attirer les spectateurs dans les stades. L'image de la page II du cahier couleur en est un exemple très représentatif. Il s'agit ici de la rencontre, pour le TOP 14 Orange, au Stade de France (ce qui n'est pas habituel) de l'équipe du club parisien de rugby – Racing Metro 92 – et de celle du Stade Toulousain.

Pour analyser le document

1. Décrivez précisément ce que vous voyez sur l'image et expliquez comment sont structurées ses composantes.

2. À quel(s) univers les personnages représentés semblent-ils appartenir ? Donnent-ils réellement l'impression de jouer ?

3. À partir des réponses aux questions précédentes et d'une étude des couleurs, identifiez les arguments utilisés par le publicitaire pour atteindre sa « cible ».

Thèmes de réflexion, d'exposé ou de débat

1. Plusieurs peintres ont été inspirés par le sport, parmi lesquels les impressionnistes (pour le canotage), Nicolas de Staël (le football), André Lhote, Jean-Michel Basquiat (le rugby). Qu'est-ce qui peut séduire les peintres ? Que peut apporter au spectateur du tableau la représentation picturale du sport ?

2. Pourquoi les sports collectifs constituent-ils, par eux-mêmes, un véritable spectacle ?

3. Les Grecs anciens célébraient leurs athlètes en les représentant sous forme de peinture (→ DOCUMENT 12, p. 50 et p. I) ou de sculpture. À notre époque, quelles formes prend la célébration des sportifs ?

■ Sport et argent

La **fête** que constitue le spectacle sportif draine des foules énormes dans les stades. De très nombreuses compétitions sont également vues, et ce de manière planétaire, grâce à la télévision. Ainsi s'ouvre la voie aux interférences et connivences multiples entre le **sport** et l'**argent**. Le document donné en encadré (p. 118) récapitule des exemples d'« l'argent fou » du sport : gains des joueurs, et surtout des vainqueurs, qui louent leurs services au plus offrant, comme des mercenaires, montants des transferts qui sont autant d'achats de tel ou tel sportif, gains dus à la publicité qui « donne des ailes » aux sportifs (→ DOCUMENT 31, p. 109 et p. III) porteurs de **marques** qui les enrichissent. À cela on peut ajouter la **publicité** dans les stades, dont les prix changent en fonction de l'importance de la compétition, le **sponsoring**, les droits de **retransmission** télévisée des matchs.

Cet énorme brassage d'argent donne lieu à des tractations qui n'ont plus grand-chose à voir avec le sport, comme le montrent (→ DOCUMENT 30, p. 106) les choix de certains pays pour certaines compétitions, sur fond de **contrats** pour des boissons, des marques automobiles ou des équipements divers. À l'heure où l'économie de marché domine, il serait étonnant que le domaine du sport ne soit pas touché. Soumis à une **pression financière** qui va jusqu'à faire modifier les règles de certains sports et à imposer (→ DOCUMENT 26, p. 95) des formats de matchs adaptables aux contraintes de la télévision, le sport s'éloigne de ses principes originels, renie l'esprit olympique et offre une image dévoyée. On peut le regretter.

DOCUMENT 30

ESSAI

STEFANO PIVATO, ***L'Esprit sportif aujourd'hui*** (2004), « Les grandes compétitions sous pression politique ». © Encyclopaedia Universalis.

Sous des formes différentes, mais prégnantes, le sport et l'argent se trouvent associés, souvent au détriment des valeurs sportives. C'est la question qu'aborde ici Stefano Pivato.

Le sport est un miroir fidèle des changements sociaux. Mais, en même temps, il constitue une entreprise qui brasse des sommes colossales. Il est en train de découvrir les « nouveaux marchés » ouverts par la mondialisation, et les marchés, on le sait, ne connaissent ni barrières ni préjugés. Pour récompenser le « miracle » économique coréen, on a attribué à Séoul les Jeux Olympiques de 1988. Et c'est encore la Corée, associée au Japon, qui a été choisie pour le Mondial de football en 2002.

Dans les années 1980, le marché automobile a poussé pour que l'Asie, et le Japon en particulier, accueille la finale de la Coupe intercontinentale de football (rebaptisée coupe Toyota) qui oppose le vainqueur européen de la Ligue des champions et celui de la Copa Libertadores, disputée en Amérique latine. Aujourd'hui, ce sont les intérêts des pétroliers qui poussent le Championnat du monde de formule 1 soit vers les circuits des « Tigres » (Malaisie), soit au milieu du désert (Bahreïn). Et, prochainement, vers la Russie de Vladimir Poutine. La même logique a conduit, non sans polémiques, à attribuer l'édition 2008 des Jeux Olympiques à la République populaire de Chine, nouveau colosse de l'économie mondiale.

En réalité, les profonds changements intervenus dans le monde du sport concernent justement la distinction entre le public « réel », toujours moins nombreux, et le public « virtuel », toujours plus large. Aujourd'hui, la puissance des grandes chaînes de télévision permet d'attribuer des manifestations à des nations sans la moindre tradition sportive, mais désireuses d'« apparaître ». Peu importe qu'il n'existe pas de public pour ces rencontres : l'essentiel est qu'elles soient retransmises à des millions de téléspectateurs dans le monde.

Mais la décentralisation des grandes compétitions sportives vers de nouveaux pays ne répond pas seulement à des logiques télévisuelles ; il s'agit également de logiques commerciales des sponsors, dont la présence dans les rendez-vous olympiques devient toujours plus massive, surtout à partir des années 1980, lorsque les organisations sportives internationales décident d'abolir toute distinction entre professionnalisme et amateurisme.

Des Jeux pour vendre du Coca-Cola

L'aventure de Coca-Cola qui, depuis des décennies, voit sa marque associée aux cinq cercles olympiques est tout à fait exemplaire du rôle que les sponsors jouent dans les grandes compétitions sportives internationales. La boisson américaine débarque sur le continent européen à l'occasion des Jeux d'Amsterdam (1928), dans les bagages de l'équipe des États-Unis. L'année suivante, le premier établissement européen de la marque s'installe en Allemagne. Depuis lors, la boisson d'Atlanta[1] est devenue le plus gros sponsor

1. Ville de Géorgie, aux États-Unis, siège de l'entreprise Coca-Cola.

des Jeux et s'est frayé un chemin vers de nouveaux marchés, à travers les grandes compétitions sportives internationales. Comme à Tokyo (1964), où le parrainage de Coca-Cola a entraîné la suppression des quotas à l'importation de la boisson américaine, lui permettant ainsi de conquérir le marché japonais.

Aux Jeux de Moscou (1980), le boycottage des Américains provoqua le retrait de Coca-Cola, aussitôt remplacé par une autre marque, Fanta, associée européenne de la maison d'Atlanta. Il s'agissait d'empêcher d'autres marques concurrentes de s'installer sur le marché soviétique. Quelques mois plus tard, Coca-Cola inaugurait son premier établissement en URSS : la conquête des marchés de l'Est par cette petite bouteille, considérée, à peine quelques années plus tôt, comme le symbole de l'impérialisme, pouvait commencer.

En 1996, une partie du monde sportif a voulu saisir l'occasion du futur rendez-vous olympique d'Athènes pour rappeler que, un siècle plus tôt, dans la capitale grecque, Pierre de Coubertin inaugurait les Jeux Olympiques modernes. Mais cette idée romantique n'a pas fait le poids face à la force économique de Coca-Cola : c'est chez elle, à Atlanta, que la marque allait célébrer un double anniversaire, le centenaire des Jeux et ses propres 110 ans.

Les Jeux de 2004 ont marqué le retour dans la ville qui, en 1896, avait vu le rêve de Pierre de Coubertin se réaliser. Chargé de tensions et de sens, cet événement montre à quel point le sport n'est plus seulement un « jeu », mais une scène où se tissent relations internationales, intérêts commerciaux et rapports politiques, et sur laquelle pèsent les plus grands dangers.

Pour analyser le document

1. Quels sont les éléments communs aux différents exemples donnés dans les paragraphes 1 et 2 (l. 1-19) ?

2. Sur quel fait insistent les paragraphes 3 et 4 (l. 20-35) ?

3. Dites ce que met en lumière l'exemple historique de Coca-Cola en ce qui concerne les relations sport/argent. En quoi peut-on parler d'une instrumentalisation du sport au profit d'intérêts politico-commerciaux ?

DOCUMENT 31

DESSIN DE PRESSE

Pichon, dessin de presse (2004). Ph © Pichon / Iconovox

Les relations entre le monde du sport et l'argent, par le biais de la publicité, inspirent de nombreux dessinateurs. Pichon évoque, dans un dessin de presse, l'aide apportée par le sponsoring dans le cadre du Tour de France.

Pour analyser le document

1. Quels éléments du dessin permettent d'identifier et de situer la scène ?

2. Quelle signification attribuez-vous à la représentation du premier coureur et de ce qui lui arrive ?

3. Étudiez les caractéristiques du dessin : couleurs, lignes, traits. En quoi pourrait-on parler d'une certaine « poésie » ? En quoi ce choix sert-il l'idée exprimée ?

Thèmes de réflexion, d'exposé ou de débat

1. Organisez un débat sur le thème : la publicité et le sponsoring « donnent des ailes » aux sportifs, notamment aux coureurs cyclistes.

2. Regardez une retransmission d'une course cycliste (Tour de France, Paris-Roubaix, Giro italien, Paris-Tours, Critérium du Dauphiné…) et établissez une liste des différents supports de publicité. Classez ensuite ces supports selon qu'ils se rapportent ou non au sport considéré.

DOCUMENT 32

ENTRETIEN

ANTOINE REVERCHON et **DIDIER PRIMAULT**, © ***Le Monde*** (septembre 2007).

Dans un entretien publié par le quotidien Le Monde*, Didier Primault répond aux questions d'Antoine Reverchon sur le thème des relations historiques entre le sport et l'argent et sur le caractère spectaculaire du sport.*

Antoine Reverchon. L'irruption de l'argent et du spectacle de masse dans la pratique sportive est-elle un phénomène récent ?

Didier Primault. Pas réellement. Certes, le sport est, au XIXe siècle, une activité de loisir, qui se déroule dans des espaces et des moments (le soir, le dimanche) extérieurs au monde du travail et de l'économie. Il est pratiqué par des amateurs, encadré par des bénévoles. Mais en Angleterre, à partir du milieu du XIXe siècle, les matches de boxe qui se déroulent dans les arrière-salles des pubs donnent lieu à des paris ; les amateurs, en exigeant de partager les gains avec les organisateurs, deviennent des professionnels. De même, les matches de football attirent un nombre croissant de spectateurs, ce qui donne l'idée aux organisateurs de créer des billetteries. Là aussi, les joueurs exigent une part du gâteau, et les clubs britanniques deviennent professionnels dès la fin du XIXe siècle. Cette « économisation » d'une pratique de loisir qui se transforme en spectacle de masse assuré par des « pros » suit le même schéma que, par exemple, la chanson.

A. R. Et en France ?

D. P. C'est l'afflux des spectateurs, après la Première Guerre mondiale, qui pousse les clubs de foot à se professionnaliser. Mais comme le sport est alors dominé par l'esprit olympique de Pierre de Coubertin, ce phénomène est jugé moralement condamnable. Ce n'est qu'en 1932 que les clubs professionnels obtiennent de la fédération l'autorisation d'organiser un championnat national : les joueurs ont épuisé les plaisirs des rencontres régionales et veulent se mesurer à aussi forts qu'eux.

A. R. Les entreprises sponsors sont-elles déjà présentes ?

D. P. Ce n'est le cas en France que de quelques équipes, comme le FC Sochaux avec Peugeot. Cette pratique vient du cyclisme ; dès le début du XXe siècle, les fabricants de vélos, qui souhaitent vendre leurs machines, s'associent à des journaux, qui souhaitent vendre de la compétition en feuilletons, pour créer les principales épreuves qui existent encore aujourd'hui. On retrouve cela dans le football, lorsque *L'Équipe* lance en 1954 l'idée d'un championnat d'Europe. Pour les clubs, il s'agit toujours d'aller se mesurer à d'autres, mais pour le journal, quotidien, il s'agit d'ajouter aux ventes traditionnelles du week-end la couverture de matches qui se tiendraient en semaine. Pour autant, en France, la plupart des clubs demeurent des associations, lancées par des étudiants ou des amateurs locaux. En Angleterre, en revanche, les clubs adoptent le statut d'entreprises que ne gêne guère l'esprit olympique et qui entrent donc immédiatement dans le jeu économique. Le phénomène est similaire aux États-Unis, où les clubs de football, de base-ball, de basket créent dès la fin du XIXe siècle des compétitions nationales et sont de véritables entreprises de spectacles. En Italie, la plupart des clubs de foot sont mis sur pied par des industriels, soucieux d'occuper leurs ouvriers.

A. R. Quel rôle joue la télévision ?

D. P. Tout s'emballe dans les années 1980, d'une part parce que le paysage audiovisuel se libéralise – capter de l'audience est vital pour les nouvelles chaînes privées –, d'autre part parce que le Comité international olympique (CIO) finit par accepter la professionnalisation (1981) et l'exploitation commerciale des Jeux Olympiques (1986). Toutes les barrières tombent, le sport devient un spectacle universel, avec la création de coupes ou de championnats du monde (athlétisme en 1983, rugby en 1987), sous la pression à la fois des clubs qui veulent élargir la compétition et des médias qui veulent augmenter l'audience. En situation de monopole, le CIO et les fédérations obtiennent des télévisions en concurrence une envolée des droits de diffusion, d'où découleront celle des salaires des joueurs et leur « starification ».

Cette mutation est particulièrement violente en France, où l'on a connu simultanément l'entrée dans le sport business et la mondialisation du spectacle, alors que ces étapes ont été successives dans les pays anglo-saxons.

Pour analyser le document

1. Mettez en évidence, par une étude comparée, et sous forme de tableau, la nature et l'évolution des rapports sport/argent en Angleterre et en France. En quoi peut-on parler de culture et d'idéologie différentes ? Quelles en sont les explications ?

2. Expliquez ce qui, socialement et politiquement, a permis à la télévision de « commercialiser » le sport. Citez certaines conséquences de ce fait, par exemple sur la création de compétitions nouvelles et sur le statut des joueurs.

3. Comment se manifestent et quelles sont les relations sport/société dans l'évolution historique du sport ?

Thèmes de réflexion, d'exposé ou de débat

1. En vous aidant des documents de ce chapitre, ainsi que de l'actualité sportive des années 2008-2010, établissez une typologie des relations qui existent entre le sport et l'argent.

2. Les pratiques mises en évidence dans le texte de Stefano Pivato vous semblent-elles compatibles avec l'esprit olympique tel qu'il est défini dans la Charte de l'Olympisme (p. 18) ? Donnez des justifications précises pour appuyer votre réponse.

3. Envisagez un débat dans lequel s'affronteront deux points de vue opposés sur la libéralisation du sport et sa transformation en « pratique rentable ».

DOCUMENT 33

ESSAI

François Bégaudeau, ***La Politique par le sport*** (2009), article de **Mathieu Larnaudie**, « Le sport, une machine libérale ? ». © Denoël.

Dans un recueil d'articles consacrés au sport et à la vie économique et politique, sous la direction de François Bégaudeau, écrivain, Mathieu Larnaudie aborde le thème du libéralisme dans le contexte du sport.

On le sait, certaine doxa[1] réunit un ensemble de vertus sous l'appellation générique « valeurs du sport ». Ce dernier serait facteur d'intégration, école de la vie, porteur de respect, de tolérance, d'amitié entre les peuples. Il formerait un monde à part, un cas singulier de l'activité des hommes, animé par ce qu'il y a de meilleur en eux.

Une autre doxa, critique celle-ci, propose du même phénomène une interprétation plus inquiétante : le sport, sa logique de compétition, son spectacle, son marché représenteraient le paradigme[2] du capitalisme le plus féroce, dont les athlètes seraient à la fois les champions et les victimes.

Dans *Le Nouvel Esprit du capitalisme*, Boltanski et Chiapello relevaient une analogie discursive[3] entre langage managérial[4] et langage du monde artistique. Une similitude du même ordre lie ceux de l'entreprise et du sport. Le culte de la performance et l'organisation collective leur désignent un champ sémantique[5] conjoint : encore simple entraîneur de l'équipe de France de rugby, Bernard Laporte brandit un jour la vidéo d'une conférence du PDG d'une multinationale en disant qu'ici se trouvait la meilleure méthode de coaching[6] qui soit. Autour des rôles de manager et de coach,

1. Idée ou pensée reconnue et admise.
2. Ensemble d'éléments représentatifs.
3. Figurant dans le discours.
4. Caractéristique de la direction d'entreprise.
5. Ensemble des significations d'un mot.
6. Accompagnement et aide dans la formation et l'entraînement.

capitalisme et sport échangent leurs objectifs, qu'ils se nomment croissance, profit ou victoire. On gère une équipe et un club comme une entreprise, et vice versa.

Dès lors il est difficile de démêler l'appât du gain de la quête de la gloire dans les motivations de tel coureur cycliste dopé mettant, à terme, sa vie en danger. De même, la versatilité[7] des effectifs des grands clubs des sports collectifs laisse perplexe ; on a beau jeu de ne voir dans les sportifs que des mercenaires qui se plient sans vergogne à cette réification[8] mercantile pourvu que la servitude volontaire leur remplisse les poches. La soif du profit aurait remplacé l'amour du maillot. Dans les faits, c'est évidemment bien plus compliqué que cela ; mais la dimension économique est intrinsèquement mêlée aux déplacements de ces travailleurs que l'on nomme sportifs : elle génère un marché dont les flux sont d'une densité et d'une flexibilité considérables. Là encore, le sport professionnel se situe à la pointe de l'économie globalisée et le sportif – y compris et surtout les laissés-pour-compte que ce marché précarise – est le cobaye des avant-postes du monde du travail.

L'aura populaire des sportifs, c'est bien connu, les mue également en pub sur pattes, en hommes-sandwichs. La valeur du corps de l'athlète tient de son talent propre, mais aussi de sa propension à faire voir et faire vendre : lors de l'onéreux transfert de la star David Beckham au Real Madrid, son coût se trouvait déjà intégralement amorti par les retombées d'image et le merchandising[9] que sa présence au club générait.

Le corps sportif est le lieu d'une expérimentation en acte – qu'on pense à la question, cardinale[10] pour le capitalisme tertiaire, de la gestion complète des temps de vie : sous l'exigence de « l'hygiène

7. Caractère de ce qui change fréquemment.
8. Transformation en objet, en chose.
9. Ensemble des techniques commerciales assurant la meilleure diffusion d'un produit.
10. Essentielle.

de vie », un sportif l'est à temps complet (quand il mange, quand il dort, quand il fait l'amour, il travaille encore). Par là même, à condition précisément de ne pas s'en tenir à la seule défense des prétendues « valeurs » qui l'isolent dans un domaine sacralisé et instrumentalisable[11], le sport peut et doit faire l'objet d'une véritable attention politique : non seulement en tant que symptôme, mais, simplement, parce que des corps y sont en jeu.

11. Qui peut être utilisé comme instrument.

Pour analyser le document

1. Retrouvez dans le texte les éléments qui renvoient au titre : « Le sport, une machine libérale ? » Établissez deux listes pour classer les termes qui se rapportent au sport et ceux qui font référence à l'économie.

2. En quoi le libéralisme dans le sport peut-il constituer une forme de dévoiement ?

3. Quelle est l'utilité des deux premiers paragraphes du texte ? Rapprochez-les du document 11 p. 45.

Thème de réflexion, d'exposé ou de débat

Quels vous paraissent être les risques qui menacent le sport et les sportifs si on les considère comme les composantes d'une « machine libérale » ?

DOCUMENT 34

ARTICLE DE PRESSE

© ***Le Monde/AFP***[1] (03/02/2011) « Le sumo à nouveau ébranlé par des affaires de corruption ».

L'article ci-dessous fait état de fraude et de corruption dans le monde du sport traditionnel japonais, le sumo, preuve qu'aucun sport n'échappe aux tentations de la réussite (même frauduleuse), et de l'argent facile.

1. Le texte est une dépêche d'agence ; il n'est donc pas signé.

Au moins trois lutteurs de sumo ont reconnu avoir truqué des combats, a déclaré jeudi Yoshiaki Takaki, le ministre des Sports japonais, au lendemain de la révélation d'un nouveau scandale touchant cette discipline ancestrale. M. Takaki a dit devant une commission parlementaire que le président de l'Association japonaise de sumo (AJS) avait informé son ministère des aveux de trois sumotori, a rapporté l'agence de presse Jiji.

L'affaire a été révélée après la découverte, par la police, de messages sur des téléphones portables d'une douzaine de lutteurs laissant entendre que des combats avaient été arrangés. Le président de l'AJS, Hanaregoma, a présenté mercredi des excuses officielles et promis d'infliger des sanctions sévères aux personnes suspectées si leur culpabilité était établie. « *S'il y a réellement eu des combats truqués, il s'agirait d'un acte grave de trahison à l'égard du peuple japonais* », a déclaré le Premier ministre Naoto Kan devant le Parlement, en réclamant que toute la lumière soit faite.

Des soupçons de trucage planent depuis longtemps sur ce sport vénéré au Japon, mais aucune preuve n'a pu jusqu'ici être fournie. En 2000, un lutteur à la retraite, Keisuke Itai, avait affirmé avoir rencontré et même participé à ces pratiques au cours de sa carrière entre 1978 et 1991, des révélations alors sans lendemain. Mercredi, la police de Tokyo a saisi les téléphones portables des lutteurs dans le cadre d'une enquête menée l'an dernier à propos de paris clandestins sur le base-ball organisés par la pègre nippone.

Un monde trouble

Les messages échangés entre les sumotori, la plupart de rang modeste, évoquent des défaites arrangées contre des sommes de l'ordre de quelques milliers d'euros, selon la presse. La plupart des 14 lutteurs suspectés d'avoir triché appartiennent à la catégorie « juryo », le premier niveau dans la hiérarchie du sumo pour commencer à toucher un salaire. Payés environ un million de yens par mois (9 000 euros), ils avaient probablement mis sur un pied ce système « *d'aide mutuelle* » leur permettant de s'adjuger des victoires à tour de rôle afin de ne pas être relégués au niveau inférieur, a commenté le journal *Yomiuri*.

Le sumo, réservé exclusivement aux hommes, observe des rites quasi religieux, avec sa gestuelle, ses codes vestimentaires ou le jet symbolique d'une poignée de sel par chacun des lutteurs afin de purifier le ring avant le combat. Mais derrière la façade respectable du sport national, les Japonais ont découvert depuis ces dernières années un monde trouble où la violence est apparemment monnaie courante et où l'argent sale circule en quantité. Après plusieurs affaires de drogue, d'extorsion de fonds et le décès, en 2007, d'un jeune apprenti passé à tabac par ses aînés, prétendument pour l'endurcir, le sumo a été l'an dernier au centre d'une enquête sur les jeux clandestins. Seuls les paris sur les courses de chevaux et certains sports mécaniques sont autorisés au Japon.

Pour analyser le document

1. Résumez les faits qui constituent le sujet de cette dépêche d'agence.

2. Quelles sont les caractéristiques du sumo telles qu'elles apparaissent dans le texte ?

3. Pourquoi les événements cités prennent-ils, au Japon, une importance particulière, jusqu'à provoquer une intervention du ministre des Sports ? Aidez-vous de la question 2 pour répondre.

Thème de réflexion, d'exposé ou de débat

Choisissez un sport pratiqué en Extrême-Orient (judo, sumo, aïkido, tai chi…) et exposez en quelques mots ou phrases son caractère rituel.

L'argent fou du sport

Droits de télévision, sponsoring, budgets, transferts... Grâce à la télévision, le *sport business* n'a jamais été aussi florissant. Le 9 juillet 2006, lors de la dernière finale de la Coupe du monde de football, organisée en Allemagne et retransmise en France par TF1, les trente secondes de publicité ont été vendues par la première chaîne de télévision 250 000 euros. Les salaires des footballeurs ont atteint des niveaux astronomiques ; aujourd'hui, les stars du football gagnent plus de 10 millions d'euros par an. Mais l'inflation a touché toutes les disciplines sportives et l'échelle des salaires ne connaît apparemment plus de limites.

Quelques records

40 000 euros

– La récompense d'un athlète français médaillé d'or au JO d'été.
– Ce que gagne chaque jour Zinédine Zidane.
– Le prix d'un spot de publicité pendant la finale de Roland-Garros sur France 2.

500 000 euros

– Le prix attribué au cheval gagnant du Prix d'Amérique.
– Le prix de deux spots sur TF1 lors de la finale du Mondial de foot si la France est qualifiée.
– Le salaire annuel de Frédéric Michalak, le rugbyman le mieux payé de France.

600 000 euros

– Le coût de revient d'un but marqué par Djibril Cissé la saison dernière.
– Trois ans de location d'une grande loge au Stade de France.
– La moitié du déficit annuel du club de foot de Bordeaux.

800 000 euros

– Le chiffre d'affaire quotidien du Real Madrid.
– Le salaire annuel moyen d'un gardien de but en Angleterre.

8 millions

– Le budget annuel de l'équipe de cyclisme de Bouygues-Garros.
– Ce que verse BNP-Paribas pour parrainer Roland-Garros.

– Le tarif annuel payé par Emirates Airlines pour donner son nom au stade d'Arsenal.

240 millions

– Ce que dépense Renault chaque année en Formule 1.
– Dix ans de budget de la Fédération française de judo.
– Trois années de salaire du golfeur Tiger Woods, le sportif le mieux payé du monde.

Source : Barbotin L. et al. (2006), *Challenge*, « L'argent du sport », 1er mai 2006.

POUR S'EXERCER À LA SYNTHÈSE

1. Rapprochez les documents 28 (→ p. 100) et 29 (→ p. 104) pour étudier ce qui fait du sport un spectacle dans lequel entrent de nombreuses composantes provoquant des émotions fortes et diverses.

2. Les documents 28 (→ p. 100), 29 (→ p. 104) et 12 (→ p. 50) évoquent ou représentent des spectacles sportifs. Mettez en évidence leurs points communs.

3. Rapprochez le texte de Jacques Defrance (→ DOCUMENT 26, p. 95) et celui de Stefano Pivato (→ document 30, p. 106) pour étudier les modifications que les intérêts économiques font subir au sport.

4. Mettez en parallèle le texte de Mathieu Larnaudie (→ DOCUMENT 33, p. 113) et celui de Luc Levaillant (→ DOCUMENT 15, p. 56) pour étudier les conditions et les manifestations de la « starisation » de certains sportifs.

5. Mettez en évidence les points communs au texte de Mathieu Larnaudie, § 1 et 2 (→ DOCUMENT 33, p. 113) et à celui de Pascal Duret (→ DOCUMENT 23, p. 85).

6. En prenant appui sur différents documents des chapitres 1, 2 et 3, expliquez en quoi le culte de la performance (voir chapitre II) et la volonté de « toujours plus » qui caractérisent le libéralisme (chapitre III) sont à l'origine de modifications profondes dans le monde du sport.

7. Rapprochez les deux entretiens (→ DOCUMENTS 8, p. 31 et 30, p. 106) pour étudier l'historique du sport, les causes de ses transformations et leurs conséquences.

CHAPITRE IV
SPORT ET VIOLENCE

Pour analyser le document : après chaque document
Thèmes de réflexion, d'exposé ou de débat : après certains documents
Pour s'exercer à la synthèse : à la fin de chaque chapitre

« Après la pesée, il lui restait exactement vingt-sept heures pour devenir un tueur. »

PAUL FOURNEL, *Les Athlètes dans leurs têtes* (1994), « Le tueur ». © Le Seuil.

Les principes fondamentaux de l'olympisme (→ DOCUMENT 3, p. 18), qui constituent la référence suprême en matière de sport, insistent particulièrement sur les notions de **civilisation**, culture, éducation, **harmonie**, fraternité, société pacifique, **dignité humaine.** Il y est aussi question d'amitié, de **solidarité**, de **fair-play** : c'est là une manière optimiste d'évacuer toute forme de violence. Mais la réalité est autre et le monde du sport se trouve être, l'histoire le montre, de manière moins idéalisée et moins utopique, le lieu d'affrontements et de violences tels que l'on peut s'interroger : la violence ne serait-elle pas inhérente au sport ? Étudier ses formes peut-il aider à trouver des remèdes ?

Des formes différentes de violence. La violence se trouve, en premier, **dans le sport lui-même** et dans la compétition : violence des efforts qui exigent de « s'arracher » pour se dépasser et dépasser les autres, violence du jeu (football, rugby) qui entraîne des chocs, des chutes et des blessures, violence dans ce qu'on appelle la « niaque » qui extériorise le désir de vaincre et dans la hargne qui fait dire à certains sportifs qu'ils doivent avoir envie, pour gagner, de « tuer » l'adversaire (tennis). C'est ce que montre, sous une forme métaphorique, la nouvelle de Paul Fournel (→ DOCUMENT 36, p. 125). La violence est aussi dans les exigences d'un entraînement parfois inhumain, plus cruel encore lorsqu'il est imposé à des enfants, supposés être de futurs champions (→ DOCUMENT 19, p. 70). Elle est enfin dans les pratiques de dopage, qui détruisent l'organisme, occasionnant parfois des lésions définitives.

À la violence du jeu et des situations de compétition s'ajoute (ou correspond) **celle du public**, à l'intérieur du stade et en dehors. Elle ne touche pas tous les sports, mais dans le football, elle se déchaîne sous la forme du **houliganisme**, de manière irrationnelle et irrépressible, comme le rappellent des événements tragiques survenus dans des stades, par exemple au Heysel et à Sheffield

(→ ENCADRÉ p. 130) : xénophobie, racisme, haine, expression d'un machisme primaire, nationalisme exacerbé, tout se passe comme si certains matches étaient à la fois des règlements de compte et de véritables défouloirs. Mais l'importance des enjeux ne suffit pas à expliquer une violence elle-même omniprésente dans les médias et dans la vie.

Des tentatives d'explication. Le caractère inacceptable de la violence des stades pousse régulièrement les autorités des différentes fédérations sportives à prendre des mesures ponctuelles pour éviter la rencontre de ceux qui viennent visiblement pour en découdre, en groupe, écharpes des clubs bien en évidence. Parallèlement, les sociologues du sport s'efforcent de trouver des explications aux déchaînements redoutés et pas toujours évités. On peut citer, pêle-mêle : la recherche systématique de la bagarre, pour « pimenter la vie », ou avoir le sentiment d'exister ; une affirmation de virilité ; le refus frustrant d'un domaine (celui du sport) qui fait coexister une organisation et des valeurs auxquelles certains jeunes savent ne pas avoir accès ; l'idée que la fête sportive annihile les limites en matière de comportement et ouvre la porte à toutes les licences ; l'appartenance à une classe sociale défavorisée sans espoir d'en sortir (→ DOCUMENT 37, p. 131).

Parmi ces chercheurs, Olivier Le Noé (→ DOCUMENT 41, p. 139) a mis en évidence les différents paramètres – enjeux de la compétition, intérêt pour le public, nature des installations, qualité du spectacle… – dont les interactions plus ou moins développées permettraient selon lui (il s'agit d'hypothèses) de comprendre l'origine de la violence et d'agir sur ce qui la produit. Mais on peut remarquer qu'une telle décomposition de la compétition sportive, si elle met en lumière des *« axes d'intervention possibles »*, rappelle l'extrême complexité des forces mises en jeu lors d'événements touchant au sport. Leur caractère surhumain et de plus en plus hors norme est de nature à modifier les sensibilités, en faisant ressortir les passions et les instincts.

DOCUMENT 35

ROMAN

GEORGE PEREC (1936-1982), ***W ou le souvenir d'enfance*** (1975), chapitre XXX.

W ou le souvenir d'enfance est un roman construit sur deux récits[1] qui se déroulent de manière alternée. L'un met en scène un lieu en principe régi par les règles du sport, une sorte de village olympique, l'autre est l'évocation d'un souvenir. Mais le lecteur s'aperçoit vite que le monde du sport est un univers totalitaire et destructeur, comparable aux camps d'extermination, univers dans lequel les valeurs du sport sont totalement dévoyées et perverties.

Affecté dans un village, l'enfant[2] *y sera pendant au moins trois ans novice avant de devenir Athlète. Il participera aux séances d'entraînement du matin, mais non aux championnats. Mais ses six premiers mois de noviciat, il les passera menottes aux mains, fers aux pieds, enchaîné la nuit à son lit, et souvent même bâillonné. C'est ce que l'on nomme la Quarantaine et il n'est pas exagéré de dire que c'est la période la plus douloureuse de la vie d'un Sportif W, que tout ce qui suit, les humiliations, les injures, les injustices, les coups, n'est pour ainsi dire presque plus rien, ne pèse presque plus à côté de ces premières heures, de ces premières semaines. La découverte de la vie W est, il est vrai, un spectacle assez terrifiant. Le novice parcourt les Stades, les camps d'entraînement, les cendrées*[3]*, les chambrées ; il n'est encore qu'un adolescent tranquille et confiant, pour qui la vie se confondait jusqu'alors avec la chaleur fraternelle de ses milliers de compagnons, et tout ce qui pour lui s'associait avec des images de fêtes fastueuses, ces clameurs, ces musiques triomphales, ces envolées d'oiseaux blancs, lui apparaît sous un jour insoutenable. Puis il verra revenir la cohorte des vaincus, Athlètes gris de fatigue, titubant sous le poids des carcans de chêne ; il les verra s'affaler d'un coup,*

1. Le récit relatif à l'univers de « W » est écrit en italique dans le texte d'origine.
2. Les enfants sont retirés à leurs parents et regroupés à part.
3. Pistes de course à pied.

la bouche ouverte, la respiration sifflante ; il les verra un peu plus tard se battre, s'entre-déchirer pour un morceau de saucisson, pour un peu d'eau, pour une bouffée de cigarette. Il verra, à l'aube, le retour des Vainqueurs, gavés de saindoux[4] *et de mauvais alcools, s'effondrant dans leurs vomissures.*

Ainsi se passera sa première journée. Ainsi se passeront les suivantes. Au début, il ne comprendra pas. Des novices un peu plus anciens que lui essaieront parfois de lui expliquer, de lui raconter, ce qui se passe, comment ça se passe, ce qu'il faut faire et ce qu'il ne faut pas faire. Mais, le plus souvent, ils n'y arriveront pas. Comment expliquer que ce qu'il découvre n'est pas quelque chose d'épouvantable, n'est pas un cauchemar, n'est pas quelque chose dont il va se réveiller brusquement, quelque chose qu'il va chasser de son esprit, comment expliquer que c'est cela la vie, la vie réelle, que c'est cela qu'il y aura tous les jours, que c'est cela qui existe et rien d'autre, qu'il est inutile de croire que quelque chose d'autre existe, de faire semblant de croire à autre chose, que ce n'est même pas la peine d'essayer de déguiser cela, d'essayer de l'affubler, que ce n'est même pas la peine de faire semblant de croire à quelque chose qu'il y aurait derrière cela, ou au-dessous, ou au-dessus. Il y a cela et c'est tout. Il y a les compétitions tous les jours, les Victoires ou les défaites. Il faut se battre pour vivre. Il n'y a pas d'autre choix. Il n'existe aucune alternative. Il n'est pas possible de se boucher les yeux, il n'est pas possible de refuser. Il n'y a ni recours, ni pitié, ni salut à attendre de personne. Il n'y a même pas à espérer que le temps arrangera cela. Il y a cela, il y a ce qu'il a vu, et parfois ce sera moins terrible que ce qu'il a vu, et parfois ce sera beaucoup plus terrible que ce qu'il a vu. Mais où qu'il tourne les yeux, c'est cela qu'il verra et rien d'autre et c'est cela seul qui sera vrai.

Mais même les plus anciens Athlètes, même les vétérans gâteux qui viennent faire les pitres sur les pistes entre deux épreuves et que la foule hilare nourrit de trognons pourris, même ceux-là croient encore qu'il y a autre chose,

4. Graisse de porc fondue.

que le ciel peut être plus bleu, la soupe meilleure, la Loi moins dure, croient que le mérite sera récompensé, croient que la victoire leur sourira et qu'elle sera belle.

Plus vite, plus haut, plus fort[5]*. Lentement, au fil des mois de la Quarantaine, la fière devise olympique se grave dans la tête des novices. Très peu tentent de se suicider, très peu deviennent vraiment fous. Quelques-uns ne cessent de hurler, mais la plupart se taisent, obstinément.*

---

5. *Citius, altius, fortius* : c'est la devise olympique.

Pour analyser le document

1. Retrouvez dans le texte tout ce qui peut laisser penser qu'il s'agit de sport.

2. Regroupez et identifiez tout ce qui, dans l'univers inhumain décrit, contribue à la dégradation des êtres et des relations humaines.

3. Quels peuvent être l'intérêt et l'efficacité d'avoir choisi le sport pour mettre en scène l'horreur de la déshumanisation ?

Thèmes de réflexion, d'exposé ou de débat

1. Retrouvez dans le chapitre II un document qui évoque la souffrance d'enfants soumis à des entraînements trop durs : la réussite sportive vaut-elle la peine de sacrifier une enfance ?

2. Organisez un débat autour de la question : Le sport est-il un apprentissage des valeurs humanistes ou une machine à déshumaniser ?

DOCUMENT 36

NOUVELLE

PAUL FOURNEL (né en 1947), ***Les Athlètes dans leurs têtes*** (1994), « Le tueur ».

Dans un recueil de nouvelles intitulé Les Athlètes dans leurs têtes, *le romancier Paul Fournel évoque l'univers du sport avec précision et réalisme.*

La nouvelle « Le tueur » se situe dans le monde de la boxe et son titre est, avant toute chose, chargé de connotations violentes.

Après la pesée, il lui restait exactement vingt-sept heures pour devenir un tueur. Il était un athlète permanent, un de ceux qui sont à la salle chaque jour, qui savent se mettre en sueur et qui ne reculent jamais devant une corde à sauter ou un sac de sable.

En trois semaines, monsieur Jean avait fait de lui une lame. Un poids moyen puissant, longiligne, belle allonge[1], jeu de jambes vif; la grâce, l'élégance, le punch et ce foutu crochet du gauche meurtrier qui avait couché un à un les voyous de Chevilly, les boxeurs amateurs du département, puis de l'Île-de-France et qui l'avait sans accroc conduit au professionnalisme. Un pro qui allait mener son treizième combat et à qui il restait vingt-sept heures pour devenir un tueur.

Sa nuit fut brève, toute traversée de cauchemars, de directs du droit qui finissaient leur trajectoire dans le traversin, d'uppercuts[2] sanglants qu'il ne parvenait à esquiver qu'en butant la tête contre le bois du lit.

Il se leva avec un terrible mal aux cervicales et dut avaler deux comprimés d'aspirine. Son entraîneur lui expliqua qu'il n'était jamais meilleur qu'après une bonne nuit de pression.

Il partit se décrasser au bois, le cou serré dans une serviette éponge ; petit trot ; montée en température ; shadow-boxing[3] entre les arbres. Il commença à penser à son adversaire : vingt combats, douze victoires avant la limite, un frappeur. Il l'avait vu tirer en vidéo. Il faudrait passer par-dessous sa garde et lui faire éclater dare-dare cette arcade[4] droite qu'il avait fragile. Il esquissa un direct à la poitrine, suivi en rafale d'un crochet du gauche à la tempe.

---

1. Longueur des bras d'un boxeur.

2. Coup de poing porté bras fléchi et de bas en haut.

3. Entraînement qui consiste à boxer dans le vide, en supposant la présence d'un adversaire.

4. Il s'agit de l'arcade sourcilière.

Il lui avait serré la main la veille, à la pesée et au petit jeu de écrase-moi-les-phalanges-pour-me-faire-peur, il avait la nette impression d'avoir marqué un point psychologique.

Il voulait faire un très beau match et le gagner.

Après la douche, le sophrologue[5] du club le prit en main. Il le décontracta et le plongea dans un état d'hébétude contre lequel le boxeur avait appris à ne pas se rebeller. Là, il le persuada doucement qu'il était le plus fort, que ce match était capital, qu'il fallait donc l'aborder calmement, que son adversaire était une machine froide qui méritait d'être corrigée, que son gauche était la foudre et l'enclume réunies, que sa droite était sans pitié, qu'il était de son devoir de gagner, gagner, gagner, toujours gagner, gagner.

Il sortit de cet assommoir pour faire un repas digeste et mesuré et put juger, tout à sa mastication, du chemin intérieur parcouru. Il était déjà profondément installé dans son combat. Il ne répondait plus aux questions, ne voyait plus rien du monde extérieur. Solitaire, il glissa dans une courte et intense sieste, puis retourna à la salle pour faire les ultimes réglages.

Monsieur Jean monta avec lui sur le ring et ils décomposèrent ensemble les gestes de la victoire. Il boxait dans les gants de monsieur Jean, avançant toujours, avançant, avançant.

Dans le tempo saccadé de son souffle, monsieur Jean glissait quelques conseils – Montez votre garde[6], rentrez le menton, plus vite la reprise – et commença à lui parler de son adversaire : un drôle de coco qui avait fait de la prison pour avoir tabassé des grand-mères, chassé de chez lui pour une louche histoire d'amour avec sa sœur, tombé deux fois pour des affaires de drogue, déserteur, ayant abandonné femme et enfants, prêt à tout pour réussir, drôles de fréquentations, cœur dur, âme noire. Quelqu'un, en somme, de

5. Spécialiste chargé de relaxation et de détente.
6. Se protéger pour éviter les coups de l'adversaire.

parfaitement digne de se faire salement casser la figure. Quelqu'un à qui il serait justice de donner une correction. Un voyou qui méritait de planter là sa carrière. Une ordure que personne ne serait vraiment choqué de voir à l'hôpital. Et puis ses trois mômes, tout de même, dans la banlieue de Bruxelles, qu'il laissait crever sans un rond…

Monsieur Jean expliquait tout cela d'une voix calme, en confidence, dans l'effort. Il en avait motivé des champions et il savait les mots avec quoi l'on fabrique les tueurs.

Le poids moyen encaissait tout cela sans rien dire, l'engrangeait, le stockait dans ses épaules et dans ses poings pour le transformer en coups méchants, de ceux qui font mal et couchent l'adversaire.

Ce fut le masseur ensuite, dans le sous-sol du palais des sports, qui le décontracta, le réchauffa et lui banda les mains. Il lui expliqua qu'il en avait massé des boxeurs mais que, sans mentir, il n'avait jamais vu des biceps pareils, des pecs[7] aussi solides, des dorsaux aussi nets ; de quoi faire éclater des crânes, gicler des mâchoires, épater des nez, exploser des foies, traverser des abdos. Une musculature de KO. De quoi débarrasser la terre de toutes les salopes, de tous les vérolés. Une musculature de justicier.

En lui nouant les gants, monsieur Jean en arriva à la conclusion logique et très calmement exprimée que ce Belge méritait d'être rayé du monde des vivants.

Lorsqu'il le poussa, fin prêt, dans le tunnel qui devait le conduire à la lumière blanche, aux hurlements, au ring éclatant, il lui dit simplement : « Démolissez-le. » Il souriait confiant.

Le poids moyen tint huit rounds avant de tomber pour le compte, le visage couvert de sang. Le salaud de Belge avait fait éclater sa putain d'arcade gauche et le monde entier avait disparu dans un brouillard rouge. C'était un progrès. Le match précédent, il n'avait tenu que trois reprises.

---

7. Abréviation pour « pectoraux ».

Pour le prochain, monsieur Jean en était sûr, avec beaucoup de travail physique et une bonne préparation psychologique, il pourrait faire un honnête tueur à la limite[8].

8. Le texte est donné intégralement.

Pour analyser le document

1. Par rapport à la succession des épisodes (préparation, combat), le narrateur a fait un choix. Que met-il en relief ? Que passe-t-il sous silence ? Comment le lecteur peut-il expliquer ce choix ?

2. À quel moment la préparation physique est-elle complétée, voire remplacée, par autre chose ? En quoi consiste ce complément ? Quel en est l'objectif, en relation avec le titre ?

3. La préparation du match vous semble-t-elle relever des valeurs et des engagements exprimés par la Charte de l'Olympisme ? À quoi tient la violence du sport ?

Thèmes de réflexion, d'exposé ou de débat

1. Dans une compétition sportive qui confronte deux compétiteurs, chacun doit-il haïr son adversaire au point d'avoir envie de le tuer ?

2. Organisez un débat pour répondre à la question suivante : peut-on désigner par le mot « sport » une activité qui consiste à « démolir » son adversaire au cours d'un véritable combat ?

3. Dans la nouvelle de Paul Fournel « Le tueur », que pensez-vous de l'attitude de l'entraîneur et de la manière dont il « motive » le boxeur ?

4. L'entraînement sportif et-il une forme d'esclavage moderne ?

Manifestations sportives violentes et tragiques

• **Ibrox Park à Glasgow en Écosse, lors du derby Celtic Glasgow contre les Glasgow Rangers.**
Des **bagarres** provoquent la mort de **66 personnes**. Il y a **108 blessés** (2 janvier 1971).

• **Stade du Heysel à Bruxelles, en Belgique.**
Des **supporteurs** de la Juventus de Turin sont **écrasés** contre les grilles du stade à la suite de l'invasion de leur tribune par des supporteurs de Liverpool, ce qui provoque la mort de **39 personnes**. Il y a plus de **600 blessés** (29 mai 1985 : voir le document 42, p. 144).

• **Stade de Hillsborough à Sheffield en Angleterre.**
Des **spectateurs** sans billets tentent de **forcer l'entrée** alors que le stade est complet, provoquant la mort de **96 personnes**. Il y a **170 blessés** (15 avril 1989).

• **Stade Luigi Ferrari à Gênes en Italie.**
Un **supporteur** de Gênes est **poignardé** par un supporteur milanais (29 janvier 1995).

• **Dans l'environnement du Stade de France à Saint-Denis, près de Paris.**
Un **policier tue** un supporteur du Paris-Saint-Germain qui poursuivait, avec une centaine d'autres, un supporteur de l'équipe de Tel Aviv (23 novembre 2006).

• **En Croatie, lors du match Partizan-Belgrade / Toulouse en ligue Europa.**
Un **supporteur** français est **agressé** par des houligans croates (17 septembre 2009). Il meurt deux semaines plus tard.

DOCUMENT 37

ESSAI

NORBERT ELIAS (1897-1990) et **ERIC DUNNING**, ***Sport et civilisation : la violence maîtrisée***, chapitre IX (1994 pour la traduction française de JOSETTE CHICHEPORTICHE et FABIENNE DUVIGNEAU). © Fayard.

Le dictionnaire définit les houligans (hooligans) comme des voyous se livrant à des actes violents lors de compétitions sportives. Deux sociologues, Norbert Elias et Eric Dunning, ont consacré plusieurs travaux à l'analyse de ce phénomène dans le monde du football et de ses causes sociales.

Enfin, nous ne voulons pas dire que, parce que le houliganisme au football est profondément enraciné dans l'histoire britannique, il n'a jamais changé dans sa forme, son contenu et ses conséquences. Plusieurs facteurs donnent au « phénomène des houligans du football » sa spécificité depuis la fin des années cinquante : les changements structurels qui se sont produits dans les fractions « dures » et « respectables » de la classe ouvrière, et dans leurs relations ; la naissance d'un marché du loisir spécialement réservé aux adolescents ; la possibilité et le désir croissants des jeunes supporters de se rendre régulièrement à des matchs éloignés de leur domicile ; les transformations dans la structure du jeu lui-même ; les tentatives des autorités sportives pour mettre un frein au houliganisme et, surtout, l'engagement du gouvernement dans ce processus ; l'évolution des mass media, en particulier l'avènement de la télévision et l'apparition de la presse « tabloïde[1] », pour qui l'« information » est liée à la compétition et axée sur le profit ; et, enfin, le récent effondrement du marché du travail pour les jeunes. Tous ces facteurs, qui sont, en un sens au moins, spécifiquement historiques, nous paraissent avoir contribué de manière significative à la forme, au contenu et à l'extension du houliganisme depuis les années cinquante. D'autres auteurs ont traité ce sujet et, si nos avis

1. Périodiques à sensation dont le format est la moitié des formats de journaux habituels.

diffèrent des leurs, c'est à propos de l'importance qu'il faut accorder à chacun ou à un seul de ces facteurs pour expliquer l'existence du houliganisme. Nos travaux nous ont amenés à penser que les valeurs qui sous-tendent le comportement houligan aux matchs de football et dans des situations liées aux matchs sont des caractéristiques relativement tenaces, profondément enracinées et anciennes de certaines communautés de la classe ouvrière. Pour bien comprendre le houliganisme au football, il faut donc analyser les transformations sociales (y compris « économiques ») depuis la Deuxième Guerre mondiale, mais aussi et surtout analyser l'*évolution*, en premier lieu, de la manière dont ces communautés et les valeurs qu'elles épousent sont produites et reproduites au cours d'une durée bien plus longue et, en second lieu, de l'intensité variable avec laquelle le football est devenu l'arène où ces valeurs s'expriment.

Pour analyser le document

1. Reformulez les « facteurs » qui confèrent, selon les deux auteurs, ses spécificités au houliganisme et classez-les en fonction des éléments concernés (le jeu, les jeunes, etc.).

2. En quoi ces facteurs sont-ils générateurs de violence ?

3. Quelle est la conclusion des deux auteurs concernant la compréhension du phénomène ?

Thèmes de réflexion, d'exposé ou de débat

1. Comment peut-on expliquer que les données économiques et sociales soient génératrices de violence dans certains sports ? Trouvez des réponses à travers différents documents de cette anthologie.

2. Le houliganisme qui sévit lors des matches de football ne se manifeste pas dans le monde du rugby, qui est pourtant un sport violent. Quelles raisons peut-on proposer pour expliquer ce phénomène ?

DOCUMENT 38

ARTICLE DE REVUE

JEAN-CLAUDE RUANO-BORBALAN, © ***Sciences humaines***, n° 152 (août-septembre 2004), « Les violences cachées du sport ».

Dans un article de la revue Sciences humaines, *le sociologue Jean-Claude Ruano-Borbalan résume certaines ambiguïtés du sport et énumère différentes formes de violence qui s'y rattachent.*

Le sport met en jeu toutes les formes de relations politiques, culturelles, économiques ou sociales. La pratique sportive recèle pour cette raison une ambiguïté très nette dans nos sociétés actuelles. Elle est en même temps un espace où peuvent se déchaîner les émotions (ce qui n'est plus réellement toléré ailleurs), mais aussi et *a contrario* un lieu d'apprentissage du contrôle de soi, de contraintes, de règles et d'efforts. Elle est aussi un vecteur de politiques publiques destiné à canaliser les « classes dangereuses », notamment aujourd'hui au sein des cités et quartiers populaires. Le sport, en particulier le sport roi qu'est le football, est alors convoqué pour socialiser les jeunes « sauvageons » des banlieues parce qu'il constitue un espace réglé de formation à la citoyenneté et au *fair-play*. Cependant, les études montrent aussi que le sport est souvent le lieu de clivages, d'exclusions, de manifestations de force et de xénophobie. Sur le terrain comme aux abords des stades, dit le sociologue Dominique Bodin, le sport est un lieu d'expression de la violence et constitue un système social où se reproduisent les inégalités (domination masculine, exclusion des handicapés...). Et le sociologue de conclure que le sport, pour multiples que soient ses réalités, entretient avec la violence un commerce direct et continu qui remonte aux origines de la civilisation occidentale (rôle des jeux guerriers, des jeux d'adresse, de force ; compétitions violentes valorisant les identités de quartiers, de villages, de nations, etc.).

Virilité et agressivité

Les rapports entre sport et violence sont aujourd'hui devenus multiples et complexes, tant le sport est une réalité massive de nos sociétés. La violence s'y déploie, estime Georges Vigarello[1] qui préface un recueil remarquable d'études sur le sujet, sur au moins quatre registres. En premier lieu, la violence directe sur les stades et autres arènes entre les pratiquants eux-mêmes. C'est particulièrement vrai pour les sports collectifs hypermasculinisés : le football, le rugby, le hockey sur glace… La virilité y est exaltée et l'agressivité y constitue un avantage comparatif sur le terrain. Là, notamment dans les clubs locaux, les haines et combats peuvent être farouches, accompagnés de sexisme, de racisme et dominations violentes. En second lieu, on l'a dit, celle qui oppose les supporters et spectateurs, surtout les plus violents, et particulièrement dans le football. Mais il est d'autres violences, plus inattendues ou cachées, que l'on ne saurait passer sous silence. La violence qu'une pratique sportive intensive occasionne : accidents, souffrances et asservissement corporels que l'on s'inflige et, bien sûr, le dopage qui provoque mort et infirmités. C'est en dernier lieu cette violence symbolique qui se rencontre à tous les échelons des systèmes sportifs et des clubs. La compétition de haut niveau y est le but ultime et permanent. Tous ceux qui ne rentrent pas dans cette perspective sont de fait marginalisés. Les meilleurs horaires de pratique, les entraîneurs et les matériels y sont réservés à une élite dont sont progressivement et impitoyablement exclus ceux qui ne « suivent pas » le rythme.

Il convient cependant, rappelle G. Vigarello, de comprendre que la violence répond à des logiques anthropologiques[2] *« où le jeu physique permet à la fois de l'exprimer et de la contrôler »*.

---

1. Un texte du sociologue Georges Vigarello figure p. 31 (document 8).

2. Qui concerne les relations de l'homme et de la société, la dimension sociale de l'homme.

Pour analyser le document

1. Reformulez les oppositions qui font l'ambiguïté du sport (premier paragraphe). Quelle est la conclusion, reprise par l'auteur du document, à laquelle parvient le sociologue Dominique Bodin, cité dans le texte ?

2. Récapitulez, à partir du deuxième paragraphe, les différents « registres » dans lesquels se manifeste la violence du sport selon Georges Vigarello.

3. Expliquez en quoi on peut penser que le sport est de nature à « contrôler » la violence.

Thèmes de réflexion, d'exposé ou de débat

1. Lisez les différentes définitions du mot « sport » dans le document 1, p. 14 et cherchez en quoi le sport peut être générateur de violence.

2. Dans le document 38, Jean-Claude Ruano-Borbalan écrit que « *le sport est souvent le lieu de clivages, d'exclusions, de manifestations de force et de xénophobie* ». Établissez une liste de différentes manifestations de violence que l'on peut observer dans le sport et autour du sport.

3. Le sociologue Dominique Bodin fait remonter la violence du sport à ses origines, qui sont celles de la civilisation occidentale (fin du premier paragraphe). Comment se phénomène peut-il s'expliquer ?

4. À partir de l'encadré p. 130, établissez une liste des différentes formes de violences nées du football.

DOCUMENT 39

ARTICLE DE PRESSE

Jacques Julliard, © ***Le Nouvel Observateur*** (24-30 juin 1998), « Tout est faux dans le foot ».

Jacques Julliard est journaliste. Dans un article du Nouvel Observateur, *il exprime son dégoût du football à une époque marquée par plusieurs tragédies comme celle du Heysel et celle de Sheffield (voir l'encadré page 130).*

Tout est faux désormais dans le foot, dans la joie qui se veut délirante du marqueur après le but, dans ces obscènes empilements de joueurs qui se forment alors, dans ces convulsions de l'avant-centre prétendument fauché dans la surface de réparation ; dans ce ciel salué à genoux, ou cette terre que le dirigeant vainqueur embrasse mystiquement. De sorte que ce que l'on attend désormais d'un arbitre n'est plus de sanctionner des fautes mais de faire la part entre ce qui est sincère et ce qui est simulé. Il n'est plus le juge d'application de la règle, c'est un psychologue de plein air, ou encore un habile diplomate qui négocie avec la foule hurlante l'équilibre politique des pénalités.

Voilà pourquoi nous ne nous amusons plus au football, dépassé par ses enjeux, paralysé par la peur. Marquer des buts n'est même plus l'objectif essentiel ; dans la plupart des matches, c'est un accident exceptionnel, qui vient troubler l'ordonnancement et la finalité même de la partie : la nullité ! Mais il y a plus grave ; il y a la place croissante prise par le foot dans notre univers politique : naguère langage universel, aujourd'hui espéranto[1] de notre déchéance ! À qui, débarqué d'une autre planète, voudrait goûter en une seule soirée à toutes nos névroses d'aujourd'hui, on ne saurait conseiller plus rapide initiation qu'un match de football. Il y trouverait réunies la plupart des maladies sociales dont nous souffrons : la violence, la triche, le fric et l'ennui.

Le général Pinochet[2] est un précurseur méconnu. Transformer les stades en camps de concentration, voire d'extermination, était apparu d'abord comme une provocation sinistre, une dérision paradoxale. Erreur : cela n'était qu'une anticipation. Pinochet, comme son voisin argentin Videla[3], avait compris la vraie nature du

1. Langue internationale inventée en 1887 par le Polonais Zamenhof.
2. Dictateur chilien au pouvoir de 1973 à 1990.
3. Dictateur argentin au pouvoir de 1976 à 1981.

football. La tuerie du Heysel[4] n'est pas un accident isolé, la suite l'a montré. Le football britannique s'efforce, week-end après week-end, de rééditer un exploit aussi mémorable. Le football, c'est la guerre en champ clos. D'énormes forces de police sont là pour encadrer des combattants bottés, casqués, vêtus d'uniformes, brandissant des matraques, voire des explosifs. Pour mieux se préparer à l'affrontement, ils ont absorbé, comme jadis les poilus[5] montant à l'assaut, d'énormes quantités de vinasse et de bière qui font régner en permanence dans les tribunes de tous les stades du monde cette inimitable odeur de vomissure et de déjections. J'ai à peine besoin d'ajouter que la plupart des footballeurs professionnels sont devenus des mercenaires sans âme et sans honneur, qui le soir du Heysel ne craignirent pas de slalomer entre les cadavres et les blessés pour remplir leur contrat, tandis que les télévisions, qui avaient payé pour cela, s'empressèrent de retransmettre ces macabres ébats. Au moment où j'écris ces lignes, le championnat d'Europe en est à environ 800 personnes interpellées. C'est ce que Jacques Georges, président de l'UEFA[6], appelle une « Europe propre ».

Alors vivre sans football ? L'idée d'une année sans football, comme celle d'une journée hebdomadaire sans télévision, devrait être examinée. À moins qu'à l'instar des Mayas du Mexique précolombien nous décidions de sacrifier aux dieux, dans les jeux sacrés de la balle, les membres de l'équipe victorieuse. Cela aurait au moins pour avantage de nous délivrer de la race obsédante des vainqueurs.

4. Pour la tragédie de Heysel, voir l'encadré p. 130.
5. Nom donné aux combattants de la Guerre de 1914-1918.
6. Union Européenne de Football Association.

Pour analyser le document

1. Identifiez et reformulez en les classant les différentes critiques du football exprimées par Jacques Julliard. Comment se justifie la notion de falsification ?

2. En quoi le football est-il une concentration de toutes les « *maladies sociales* » énumérées par l'auteur : « *violence, triche, fric et ennui* » ?

3. Quelle image du sportif se dégage du texte ?

Thèmes de réflexion, d'exposé ou de débat

1. Sport, stade, violence et politique : faites une recherche historique pour donner des exemples d'utilisation politique et violente de stades.

2. En 2010 et en 2011, le football français a largement défrayé la chronique sportive. Retrouvez des exemples de situations ayant provoqué des affrontements individuels et/ou collectifs et de la violence verbale.

DOCUMENT 40

DESSIN DE PRESSE

PLANTU (né en 1951), dessin extrait du recueil ***Wanted*** (2001). © Le Seuil/Plantu (→ CAHIER COULEUR, p. IV).

Observateur toujours critique de la vie sociale et politique, le dessinateur Plantu fait réfléchir par la force de ses dessins humoristiques, et par le rire, sur des fonctionnements et des pratiques répréhensibles qui ont progressivement envahi le domaine du sport.

Pour analyser le document

1. Décrivez ce qui figure sur le dessin et précisez la nature du texte qui l'accompagne.

2. Sur quelles pratiques critiquables le dessinateur met-il l'accent par le cumul du dessin et du texte ?

3. Qu'est-ce qui fait la force du document ?

Thèmes de réflexion, d'exposé ou de débat

1. Cherchez différents dessins de presse faisant référence à la violence dans le sport et présentez-les à la classe en les commentant.

2. Le cinéma s'est intéressé au problème de la violence du sport. Faites une recherche cinématographique et présentez à la classe au moins trois films consacrés au sport.

DOCUMENT 41

ARTICLE DE REVUE

Olivier Le Noé, ***Cahiers français***, n° 320 (mai-juin 2004), Sport et société, « La violence dans les stades ». © La Documentation française.

Dans un article de la revue Cahiers français, *le sociologue Olivier Le Noé analyse certaines origines de la violence dans le football. Ses observations sont accompagnées d'un schéma représentant « l'espace possible de la violence »* *(p. 143)**, schéma à partir duquel peuvent se mettre en place des éléments de solution.*

Une violence planifiée pour l'excitation du risque encouru

Comme l'expriment justement Alain Ehrenberg ou Christian Bromberger[1], la force des enjeux footballistiques tient à l'homologie[2] qui les unit à l'imaginaire symbolique de nos sociétés. Le match de football exhibe, de façon caricaturale et réaliste, l'incertitude des statuts individuels et collectifs que symbolisent les figures emblématiques[3] des joueurs sur le banc de touche, les ascensions et les déchéances des joueurs vedettes, les promotions et les relégations des équipes, les rigoureuses procédures de classement – cette règle d'or des sociétés contemporaines fondées sur l'évaluation des compétences. Le football valorise, tout autant que la performance individuelle, le travail d'équipe, la solidarité, la division des tâches, la hiérarchie, la planification collective, mais aussi la chance, l'aléatoire. Le hooliganisme peut ainsi être conçu comme le télescopage entre cet idéal démocratique véhiculé par le

1. Sociologues spécialistes du sport.
2. Caractère de ce qui est équivalent.
3. Particulièrement représentatives.

football et l'impossibilité, pour certains jeunes privés de perspectives sociales, de s'imposer dans un système méritocratique, *a fortiori* lorsque l'ascenseur social fonctionne mal. À l'absence d'identité sociale positive, les jeunes casuals[4] « préfèrent l'identité négative et provocatrice des hooligans en s'identifiant à un club qui signifie tout pour eux. Pour rompre la monotonie de leur vie, ils recherchent l'excitation d'un jeu de guerre qui se déroule autour des stades[5] ». La violence des supporters peut aussi être perçue comme l'expression des valeurs de virilité de ceux auxquels il ne reste que la force physique, qui n'est même plus valorisée comme force de travail. Leurs débordements de violence sont à la mesure de la frustration qu'ils accumulent entre deux matches. Ils susciteront pour une fois l'attention. Ils subvertiront – certes de façon très provisoire et très épidermique – un ordre social dans lequel ils se sentent lésés. Faire ainsi l'événement, c'est transformer l'inégalité qui exclut en différence qui affirme.

En outre, dans la mesure où la rencontre sportive est une fête, elle annihile provisoirement certains tabous et favorise l'éclosion de comportements habituellement refoulés ou réprimés. « Plutôt la barbarie que l'ennui », écrivait Théophile Gautier ; l'approche psychosociologique[6] en termes de dynamique de groupe[7] peut se comprendre à la lumière de ce *credo*[8] : le groupe permet à l'adolescent une réassurance narcissique[9] et l'amène à des actions aussi bien positives que négatives dont il serait incapable individuellement, le soutien des pairs facilitant le passage à l'acte.

Cette forme de supportérisme semble toutefois davantage aiguisée par une passion du risque que par une volonté de participer

4. Jeunes supporteurs de football, proches des houligans et formant des groupes violents.
5. Citation du sociologue M. Cameron.
6. Analyse se faisant par l'étude psychologique de faits sociaux.
7. Étude du comportement des groupes.
8. Ensemble de principes sur lesquels on fonde ses opinions.
9. Retour de confiance en soi, revalorisation de sa propre image.

au monde du football. Pour cette raison, certaines rencontres seront considérés comme des « matches à risques ».

Les probabilités de la violence supportériste et les axes d'intervention possibles

Un examen contextualisé de la violence péri-sportive[10] éclaire ces événements comme le produit de concours de circonstances, certaines étant plus propices que d'autres à l'éclosion du phénomène. Il semble donc qu'il existe des conditions structurales qui rendent plus probable la violence. Une synthèse a pu être ébauchée. Le schéma proposé met en scène des données de situation telles que le décor (le stade) et le programme (l'enjeu tel qu'il est préalablement construit) qui concernent le cadre d'interaction, ainsi que des données de stimulation telles que les acteurs (les joueurs et le public) et l'intrigue (la qualité du spectacle présenté) qui concernent les agents et leurs comportements. Ces quatre pôles, sériés en deux axes, définissent un espace possible de la violence. L'étendue et la forme prises par celui-ci sont donc fonction de l'évolution des propriétés des différentes données impliquées. Ainsi, les conditions les plus propices à la manifestation de violence sont celles réunissant les circonstances suivantes : un enjeu élevé, dans un stade vétuste, où se déroulerait un spectacle décevant, regardé par un certain nombre de spectateurs extrémistes. À l'inverse, la probabilité pour que surviennent des incidents violents serait d'autant plus faible dans un contexte alliant un enjeu faible, dans un stade fonctionnel où prendraient place des spectateurs modérés assistant à un spectacle captivant.

Entre ces deux configurations extrêmes, on trouve, sur une sorte de *continuum*[11], toute la gamme des situations possibles, avec des orientations, des déformations diverses liées aux poids respectifs des

10. Qui se situe autour du sport.
11. Ensemble d'éléments tels que l'on puisse passer de l'un à l'autre de manière continue.

éléments en présence. On peut également songer à un espace plus ou moins étiré, plus ou moins aplati au gré de l'incidence plus forte d'un ou plusieurs éléments par rapport aux autres.

En outre, cette présentation synthétique désigne un certain nombre d'actions possibles pour circonscrire le phénomène : la révision des installations, la prévention, le dispositif légal et, plus généralement, la coproduction d'une politique de lutte contre la violence impliquant tous les acteurs du football (dirigeants de clubs, supporters, villes, police, justice) sont les voies explorées par les parties en présence. Mais, en dernière analyse, la question de la violence dans les stades renvoie à la question concernant les mesures que les acteurs du football jugent acceptables pour assurer le niveau de sécurité requis dans les enceintes sportives. Les divergences semblent encore profondes sur le sujet.

Pour analyser le texte

1. Quelles caractéristiques du football permettent, d'après Olivier Le Noé, d'expliquer les comportements des houligans ?

2. Le document contient d'autres éléments d'explication liés à des données sociales : quels sont ces éléments ?

3. Quel est l'intérêt, pour la lutte contre la violence footballistique, de la mise en évidence, dans le schéma ci-contre, des conditions d'émergence de cette violence ? Répondez à partir des deux derniers paragraphes du document.

Thème de réflexion, d'exposé ou de débat

Quelles remarques vous inspire le constat suivant d'Olivier Le Noé (l. 11-14 du document 41) : « *Le football valorise, tout autant que la performance individuelle, le travail d'équipe, la solidarité, la division des tâches, la hiérarchie, la planification collective, mais aussi la chance, l'aléatoire.* » ? En particulier, comment expliquer la violence d'un sport qui présente ces caractéristiques ?

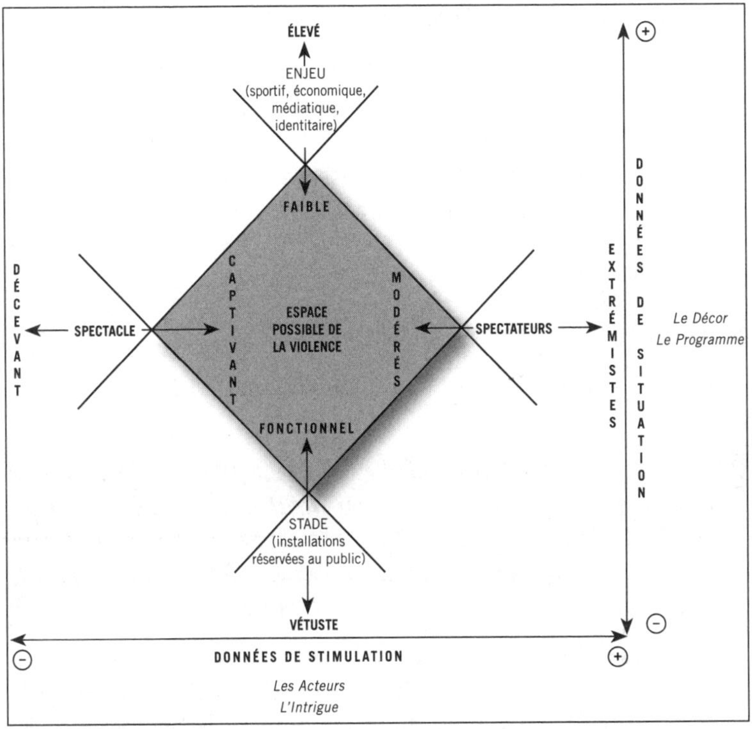

Pour analyser le schéma

1. En vous aidant du document écrit, décrivez le schéma et exposez son mode de fonctionnement. Que fait-il apparaître concernant l'émergence de la violence ?

2. Quel est l'intérêt d'une graduation (du – au +) ?

3. Pourquoi est-il important d'identifier et de décomposer les éléments susceptibles d'être générateurs de violence ?

Thèmes de réflexion, d'exposé ou de débat

1. Organisez un débat ayant pour thème le constat suivant (d'Olivier Le Noé) : La violence sportive est *« un phénomène qui ne peut se combattre exclusivement dans les stades »*.

2. Pourquoi est-il important d'analyser les différents paramètres d'une compétition sportive : enjeux, nature des lieux, état affectif des spectateurs, valeur du « spectacle » ?

DOCUMENT 42

ROMAN

LAURENT MAUVIGNIER (né en 1967), ***Dans la foule*** (2006-2009), chapitre IV.

La tragédie du Heysel (voir l'encadré p. 130) a inspiré au romancier Laurent Mauvignier un roman dans lequel il met en scène un groupe de jeunes supporteurs confrontés à l'horreur de la bousculade mortelle. Le récit est fait ici par Tana, une jeune femme qui s'est mariée peu de temps auparavant avec Francesco.

Et dès qu'ils[1] arrivent dans la lumière du dehors c'est comme s'ils couraient après leurs voix, leurs cris loin devant eux, devant leurs corps tuméfiés, je me dis, moi, tremblotant, les jambes molles, les oreilles bourdonnent quand j'entends ces mots dans ma tête, disant qu'ils sont devenus fous, et, quoi ? de l'autre côté ils reviennent d'où, et, merde, merde ! arrêtez ! arrêtez ! arrêtez-vous ! qu'est-ce que c'est ? Ils déboulent par centaines, les uns sur les autres. Je voudrais parler et dire arrêtez-vous, expliquez-moi mais non, c'est là, devant, ça grossit encore – tout à coup je comprends que je n'ai rien vu. Le pire est à venir, impossible, impensable. Et toujours cette violence qui dévaste jusqu'à la possibilité de trouver les mots pour la dire[2],

1. Foule de supporteurs cherchant à quitter le stade.
2. La disposition des phrases et les alinéas figurent tels quels dans le texte d'origine.

ces fronts, ces mains levées, une femme qui sort en courant et moi qui veux l'aider – ce type avec sa veste de survêtement rouge dont le rouge se confond avec celui sur les cheveux parce que c'est le même rouge que sur la moitié de son visage, ce sang qui dégouline et cette bouche ouverte, la main sur les cheveux – il avance vers moi – je ne veux pas – je ne peux pas. Et les voix des enfants et des femmes, ces cris particuliers aux enfants mais surtout ce sont des hommes qui arrivent en hurlant comme ils n'ont pas pleuré ni crié depuis leur naissance, et c'est comme si la tribune allait les cracher les uns après les autres, alors ils vont avec les yeux fous et au-dedans des yeux leur regard est revenu de plus loin que la peur ; les yeux n'ont plus aucune couleur – des Anglais trouvent qu'on tarde à jouer le match,

We want football ! We want football !

Des chants comme des chants de guerre qui reviennent d'où, de quelles guerres – quels carnages – non, même pas. Ils n'ont rien compris. Là-dedans il y a trop de monde. Tout le monde n'a pas vu. Ne sait pas. Les gens dans le stade ne savent pas. Pas compris. Pas encore. Ils sont à leur joie et la joie des Italiens sombre dans les pleurs, la terreur, les ongles accrochés aux rebords métalliques et glaciaux des brancards. Des cris, non,

non,

presque plus de cris.

les voix gémissent et sur la gauche, seul, un vieux grogne parce qu'il ne retrouve pas sa femme. Et l'autre qui se tient contre une femme et elle qui le regarde et lui caresse le front, lui tend un mouchoir ; cette odeur de sueur et de poussière ; ces relents de pisse et de sang avec les couvertures marron qu'on déroule ; des hommes qui débarquent avec les brancards, les roulements métalliques et les voix qui gémissent pendant que de l'autre côté du stade,

et moi je cherche Francesco, je ne vois pas Francesco. J'ai vu Tonino et Jeff un peu derrière, parce qu'ils ont couru et ils étaient un peu plus haut ; le regard de Jeff, sa bouche tombante et les lèvres épaisses et lourdes qui tombent comme une chair molle entre les joues couleur de cendre. Et Tonino au contraire, l'arcade pissant un liquide rouge vif, brillant, les yeux pleins de rage et les mains refermées en poings, son visage crispé, tendu, les muscles bandés et ses lèvres au contraire qui gueulent, menacent, et sa furie qui éclate, il ne me voit pas, il regarde les Anglais, ils cherchent les Anglais ; et cette fois il dit qu'il va les tuer.

We want football ! We want football !

Et puis de derrière on entend le vacarme d'une armée. Des chiens qui gueulent, il y a une jeune femme avec un chien-loup. Les chevaux piétinent. Les flics veulent entrer, des flics, des militaires, ils déboulent de partout et encerclent le stade sous la confusion et les cris, poussez-vous ! dégagez ! de la place, il faut de la place ! Des brancards par dizaines, les hélicos soulèvent le sable et les vêtements, les cheveux. Devant la tribune principale on installe des tentes, trois tentes blanches, le sigle de la Croix-Rouge,

la délégation européenne, je les ai vus, tous, ou, tous les officiels, le président de la commission est sorti le premier il n'était pas vingt heures, et j'étais encore devant l'une des portes et j'ai vu les hommes en costume noir, ils sont sortis, j'ai reconnu le visage du président européen, et autour de lui il y avait des gens en noir, en gris, ils sont partis, le président était devant et les gardes du corps tentaient de le suivre et puis des journalistes, j'ai entendu, des morts, on dit, on avance maintenant le chiffre effarant de vingt-quatre morts – il y aurait au moins, vous entendez on dit au moins vingt-quatre morts – ce qui serait pour la coupe – et lui le président était tellement choqué que c'était comme s'il n'avait rien entendu[3]

Des couvertures qu'on étale et les premiers blessés qu'on va coucher dessus. Des voitures, des ambulanciers. Et le premier mouvement d'un va-et-vient qui va durer des heures. Les hélicoptères et la fureur des pales qui s'acharnent sur les cheveux et les

3. Rien n'indique avec précision à qui appartiennent ces paroles.

écharpes des supporters. Même la peau des joues remue et claque comme les fanions rouges et or, et blancs, et noirs, et derrière les regards éperdus on entend quelqu'un qui dit

Il paraît qu'il y a au moins dix morts

Pour analyser le document

1. Après une première lecture du document, dites ce qu'a de particulier la manière d'écrire et de s'exprimer du narrateur. Que s'efforce-t-il de traduire ?

2. Retrouvez dans le texte et classez toutes les informations données au lecteur à propos de ce qui se déroule autour du stade.

3. Repérez tout ce qui exprime la violence ; précisez sa nature. En quoi l'écriture adoptée rend-elle avec réalisme l'extrême violence de la situation rapportée ?

Thème de réflexion, d'exposé ou de débat

Pour rapporter un événement tragique, l'écriture littéraire – comme celle de Laurent Mauvignier – vous semble-t-elle ou non préférable à l'écriture strictement informative, qui énumère des faits sans effets de style ? Quelle que soit votre réponse, justifiez-là par des arguments précis.

Document 43

DESSIN DE PRESSE

Berth, ***Paris-Dakar*** (2010), © Berth (→ CAHIER COULEUR, p. IV).

Le Paris-Dakar est un rallye automobile initialement organisé en Afrique de l'Ouest. Depuis 2009, il se déroule en Amérique du Sud (Argentine et Chili), provoquant, comme en Afrique, des accidents qui remettent régulièrement en question son existence. C'est là un autre aspect de la violence sportive, que souligne le dessinateur Berth.

Pour analyser le document

1. Décrivez l'image et identifiez la violence dont il est question.

2. Précisez la tonalité (le registre) du dessin et expliquez sur quoi repose son efficacité.

3. La pratique dénoncée est-elle spécifique au sport ?

Thèmes de réflexion, d'exposé ou de débat

1. À l'époque où le Paris-Dakar se déroulait en Afrique, de nombreuses voix condamnaient le « choc » entre la richesse de l'épreuve et la pauvreté des pays traversés. Après avoir cité quelques-uns de ces pays, donnez votre point de vue sur cette situation.

2. Indiquez l'itinéraire actuel du Paris-Dakar nouvelle formule. Quelle est la nature géographique et la situation économique des pays traversés ?

POUR S'EXERCER À LA SYNTHÈSE

1. Rapprochez le document de Norbert Elias et Eric Dunning (→ DOCUMENT 37, p. 131) de celui d'Olivier Le Noé (→ DOCUMENT 41, p. 139) pour étudier les origines sociales du houliganisme.

2. Rapprochez le texte de Jean-Claude Ruano-Borbalan (→ DOCUMENT 38, p. 133) et l'entretien avec Georges Vigarello (→ DOCUMENT 8, p. 31) pour mettre en évidence les causes possibles de la violence sportive.

3. Comparez les dessins de Plantu (→ DOCUMENT 40, p. 138 et p. IV) et de Berth (→ DOCUMENT 43, p. 147 et p. IV). Qu'ont-ils en commun sur le thème de la violence dans le sport ?

4. L'article de Jacques Julliard (→ DOCUMENT 39, p. 135), l'extrait de roman de Laurent Mauvignier (→ DOCUMENT 42, p. 144) et l'article d'Olivier Le Noé (→ DOCUMENT 41, p. 139) traitent de la violence du football : construisez avec le contenu de ces documents deux parties de synthèse pour mettre en évidence certaines manifestations de violence « houliganiste » et leurs origines possibles.

5. Rapprochez les textes de George Perec (→ DOCUMENT 35, p. 123), de Jacques Julliard (→ DOCUMENT 39, p. 135) et de Paul Fournel (→ DOCUMENT 36, p. 125) pour montrer en quoi le sport est, par lui-même, chargé de violence.

6. Construisez une synthèse objective des quatre documents suivants : texte de George Perec (→ DOCUMENT 35, p. 123), texte de Paul Fournel (→ DOCUMENT 36, p. 125), dessin de Berth (→ DOCUMENT 43, p. 147 et p. IV), texte de Jacques Julliard (→ DOCUMENT 39, p. 135).

7. Construisez une synthèse précise et objective des quatre documents suivants : Avis n° 81 du CCNE (→ DOCUMENT 19, p. 170), texte de Jean-Claude Ruano-Borbalan (→ DOCUMENT 38, p. 133), dessin de Berth (→ DOCUMENT 43, p. 147 et p. IV), texte de Norbert Elias et Eric Dunning (→ DOCUMENT 37, p. 131).

8. Construisez une synthèse objective et précise des quatre documents suivants : texte de Norbert Elias et Eric Dunning (→ DOCUMENT 37, p. 131), texte d'Olivier Le Noé (→ DOCUMENT 41, p. 139), dessin de Berth (→ DOCUMENT 43, p. 147 et p. IV), texte de Jacques Julliard (→ DOCUMENT 39, p. 135).

CHAPITRE V
SPORT, POLITIQUE ET IDÉOLOGIE

Pour analyser le document : après chaque document
Thèmes de réflexion, d'exposé ou de débat : après certains documents
Pour s'exercer à la synthèse : à la fin de chaque chapitre

« Le but de l'Olympisme est de mettre le sport au service du développement harmonieux de l'homme en vue de promouvoir une société pacifique, soucieuse de préserver la dignité humaine. »

Charte Olympique (1894).

Le **sport** n'existe pas en dehors de l'**État**, qui impose une politique globale et finance les projets : aménagement du territoire, équipements sportifs, développement du sport à l'école, création de comités divers, autorisations données aux fédérations. La création, en 2006, du CNDS (Comité national pour le développement du sport) est une des nombreuses illustrations de la **présence étatique**. En ce sens, le sport est difficilement dissociable de la **politique**, à des degrés divers, comme le montre l'Histoire. Il peut être instrumentalisé, soit dans une perspective de valorisation d'une **idéologie**, soit dans un processus d'**intégration sociale**. L'histoire des Jeux Olympiques est jalonnée de situations qui montrent à quel point **politique** et **sport** se trouvent imbriqués.

■ Sport et pouvoir politique

S'il est vrai que le sport, en tant qu'institution, n'a jamais nulle part infléchi une politique, comme l'affirme Paul Yonnet (→ DOCUMENT 44, p. 152) en précisant que la foule sportive n'est pas une foule politique, il a pu être utilisé à des fins d'**illustration idéologique**, soit par le pouvoir en place dans un pays, soit par des opposants. Le caractère international des compétitions brasse joueurs, organisateurs et public, et favorise ainsi l'exposition de politiques différentes, pas seulement dans le domaine sportif. Et le spectacle quasiment planétaire des Jeux Olympiques constitue une extraordinaire **vitrine** de la manière dont chaque pays participant entend se faire connaître et se positionner sur l'échiquier mondial.

On sait ainsi que du temps de la guerre froide, le nombre de médailles gagnées par l'un des deux blocs (États-Unis / « monde libre » d'un côté, URSS

/ socialisme d'État de l'autre) faisait l'objet d'une compétition effrénée dont l'enjeu n'était autre qu'une démonstration de **puissance idéologique**, un système contre un autre, par athlètes interposés. Émile Zatopek (→ DOCUMENT 46, p. 161) en est une illustration. D'autres exemples, parmi lesquels on retient les dates suivantes (→ ENCADRÉ p. 166) : 1936, 1968, 1972, 1980, 2008, montrent que le sport a été le support et l'occasion d'**actions politiques**. De même, on sait que le choix d'implantation des Jeux ou de certaines grandes compétitions (coupes du monde) est éminemment politique : le pays organisateur se trouve ainsi mis en lumière, ce qui est exaltant pour la fierté nationale ; il bénéficie de nouvelles implantations sportives, engage une politique de grands travaux, figure à la une de la presse. Il est indéniable que toute désignation de ce type provoque un sentiment de supériorité nationale, avec des retombées sur le régime en place.

DOCUMENT 44

ESSAI

PAUL YONNET, ***Huit Leçons sur le sport*** (2004), Leçon V, « De l'identification ».

Dans la leçon V de l'essai Huit Leçons sur le sport, *Paul Yonnet s'interroge sur les relations entre le sport (sportifs, compétitions, victoires…) et l'idéologie politique. Selon lui, le sport ne modifie pas l'histoire politique. Mais s'il n'a pas d'influence, il constitue un reflet.*

Le problème pourrait être posé ainsi : l'identification aux équipes et aux champions sportifs bénéficie-t-elle aux régimes politiques et aux idéologies qui les animent ? Si oui, dans quelle mesure ? La foule sportive est-elle aussi une foule politique, c'est-à-dire une foule qui produit une action sociale propre, est-elle une foule qui change le monde ? Comment la politique peut-elle espérer faire usage du sport ? Comment le sport fait-il usage du monde ?

La politique utilise le sport, se sert du sport, va parfois jusqu'à le mettre délibérément en scène pour le transformer en accessoire de la diplomatie ou de la rancœur, mais le sport ne représente aucune valeur ajoutée significative à la politique. *Jamais aucun régime ne s'est instauré, ni n'a perduré, ni n'a été prolongé par le fait du sport, par l'utilisation ou l'abus du sport.* Jamais l'Histoire n'a été modifiée par l'histoire du sport, par une manifestation sportive. Le sport ne fait pas l'Histoire : il ne fait que l'histoire du sport, où l'oubli est aussi rapide que dans la grande histoire. « Entrer dans l'histoire », en sport, « entrer dans l'histoire » d'un sport, et il n'est de semaine où quelques héros ne soient persuadés d'y avoir accédé, c'est en sortir déjà, tant une compétition chasse l'autre, tant un résultat chasse l'autre, tant un record succède à un autre record – puisqu'il n'y a de sport que réversible d'une compétition à l'autre.

Le sport n'annonce rien, mais il est un formidable baromètre, un écho du monde, un outil d'information. Il enregistre. Et il suffit par exemple d'observer la manière dont les publics européens reportent leur prurit[1] identificatoire lorsque l'équipe de leur cœur, leur plus proche équipe, est éliminée, pour mesurer à quel point la nation européenne peut ne pas exister, est loin d'exister. Au moment de la prise de parti[2] n'importe quelle équipe de n'importe quel autre pays sera préférée à l'Allemagne par la plupart des Français (je ne suis pas de ceux-là), et des Hollandais, des Anglais, des Italiens, des Espagnols. L'inexistence nationale de l'Europe n'est jamais plus patente[3] que dans les grands rendez-vous sportifs, n'est jamais plus patente qu'à l'instant d'entrer dans la guerre des identifications et la prise de parti. Sur quoi nous renseigne le sport, sans y exercer d'action propre. Et de même nous dira-t-il si la situation évolue. Le sport réfracte[4] des informations sociales.

1. Un prurit est une démangeaison. L'auteur exprime par une image l'idée que l'élimination d'une équipe nationale suscite des réactions de nationalisme exacerbé : l'identité et l'amour-propre nationaux se manifestent comme une soudaine démangeaison.

2. Au moment de prendre parti.

3. Évidente.

4. Renvoie l'image.

Le sport n'est qu'un écho du monde, non un instrument ni une matrice[5] de changement du monde. Le sport reflète l'idéologie et la politique, les équilibres ou les tensions sociales, tout bêtement. Mais de cette simplicité il tire une force singulière qui lui fait digérer toutes les tentatives d'instrumentation, voire d'asservissement à la politique ou à l'idéologie. De toutes les épreuves politiques, de tous les travestissements idéologiques qu'il a dû subir – car la véritable idéologie du sport est ailleurs, et autrement fondamentale –, il sort régénéré, comme si de rien n'était. J'ai envie de dire : il s'en fout.

Dans l'histoire du sport viennent s'incruster des kystes[6] étrangers. La politique peut vivre aux dépens du sport – en ce sens, elle est très précisément un virus du sport –, mais le sport ne peut vivre aux dépens de la politique. Une fois la circonstance politique passée, le régime remplacé par un autre, le sport continue. Il continue d'exprimer dans l'expérience de l'identification, dans la visibilité d'une mise en commun de réactions semblables, le besoin de réassurance des communautés de base. La politique et l'idéologie sont tellement étrangères au sport, comme des pièces surajoutées, que les manifestations sportives n'ont aucune valeur prédictive pour le régime ou l'idéologie qui les utilisent. Les Jeux de Berlin, en 1936, n'ont eu aucun effet sur la marche de la grande histoire, s'ils ont en revanche marqué une date importante dans l'évolution des Jeux vers le grand spectacle de la liturgie[7] olympique – la cérémonie du transport par relais de la flamme allumée à Olympie jusqu'au point de l'olympiade fut pour la première fois instituée à cette occasion. Les Allemands étaient acquis au nazisme : on le savait. L'histoire passée sur les ruines fumantes d'un rêve millénaire de domination qui n'aura pas duré plus de quelques années, les joueurs de football de l'équipe nationale gagnent la Coupe du monde 1954, à Berne,

5. Un moule.
6. Des éléments qui n'appartiennent pas au sport.
7. Ensemble des règles qui régissent les cérémonies d'un culte religieux.

contre la *dream team*[8], les Hongrois de Puskas et de Kocsis, devant et pour des Allemands de toujours qui continuent d'applaudir aux exploits de ces Allemands de toujours, à présent en régime démocratique. En 1980, les JO de Moscou furent un monument dans le déchaînement nationaliste[9]. Le public russe, qui paraissait faire corps avec le régime, hormis quelques dissidents traités comme des fous, ne faisait corps qu'avec lui-même. Qui aurait pu croire que, neuf ans plus tard[10], l'impensable se produirait, la chute du mur de Berlin ? Deux ans encore, et le Parti communiste voyait ses activités interdites. On se trompe toujours sur la nature de l'adhésion qui se manifeste dans les spectacles sportifs. C'est une adhésion primaire du groupe à l'idée de son existence, représentée par les champions, que manifestent les spectateurs. Le régime politique n'a pas et n'aura jamais l'authenticité représentative : il n'a pas la permanence de l'identité.

8. L'équipe de rêve.
9. Voir l'encadré p. 166.
10. En novembre 1989.

Pour analyser le document

1. Reformulez en les résumant les questions et les réponses des deux premiers paragraphes (l. 1-21).

2. Quelle fonction l'auteur du document attribue-t-il au sport ? Reprenez et explicitez l'exemple qui illustre sa thèse (paragraphe 3, l. 22-37).

3. Quelles illustrations historiques soutiennent l'idée que le sport n'a aucune valeur prédictive (n'annonce, ne prédit rien), mais qu'il est cependant représentatif de certaines modifications sociales et/ou politiques ?

Thèmes de réflexion, d'exposé ou de débat

1. Le sport a-t-il une influence politique ?

2. « *L'identification aux équipes et aux champions sportifs bénéficie-t-elle aux régimes politiques et aux idéologies qui les animent ?* » (Paul Yonnet)

ESSAI

Pascal Duret, ***Sociologie du sport*** (2008), chapitre II, coll. « Que sais-je? ».

Dans un extrait de Sociologie du sport, *Pascal Duret expose, de manière organisée, les idées du sociologue J.-M. Brohm et les fait suivre par des points de vue opposés appartenant à d'autres sociologues.*

Le sport est donné par les institutions qui le promeuvent comme politiquement neutre et porteur d'idéaux universalistes au service de la fraternité entre les peuples. En contrepoint de ses déclarations, le sociologue J.-M. Brohm, fondateur de la « critique radicale du sport », attribue au spectacle sportif trois principales fonctions.

Premièrement, les grandes rencontres sportives (Jeux Olympiques, coupes du monde, etc.) servent avant tout à ses yeux de paravents aux régimes bafouant en toute impunité les droits de l'homme. C'était déjà le cas lors de la Coupe du monde de football de 1934 où les succès de la *Squadra azzura* furent présentés, sans réel démenti, comme des preuves de supériorité du fascisme sur les démocraties. C'était encore le cas lors des JO de Berlin (1936) qui symbolisèrent la caution des démocraties envers le régime nazi (qui venait pourtant de promulguer les lois de Nuremberg). Même fonction d'occultation de la barbarie en 1968 aux JO de Mexico, quand les records olympiques firent oublier les étudiants morts sur la place des Trois-Cultures. Idem en 1978, en Argentine, où le « Mundial » de football fut organisé par la Junte fasciste du général Jorge Rafael Videla[1] au nom de la « liberté de jouer ». Toujours le même procédé, lorsque l'Institution olympique accepta d'organiser les JO à Moscou en 1980 alors que les Soviétiques envahissaient l'Afghanistan et que leurs dissidents étaient massivement déportés dans les Goulags. L'olympisme défenseur du pacifisme? Comment croire à un tel

1. Voir la note 3, p. 136.

« humanisme de pacotille » (Brohm, 2006), sans se soucier de son prix en cadavres ? Face à ce constat, J.-M. Brohm a organisé plusieurs comités de boycott des grands événements sportifs. Évidemment aux JO de 2008, en Chine, seront oubliés, les camps de travail, les mensonges d'État, l'occupation du Tibet, la répression sanglante de la place Tienanmen, les exécutions publiques, la « normalisation » de Hong-Kong[2]... Les festivités olympiques servent d'exercice de propagande pour les régimes totalitaires. L'auteur suggère que le spectacle sportif a ainsi contribué à renforcer l'ordre établi dans toutes les dictatures.

Deuxièmement, le spectacle sportif a aussi pour Brohm une fonction de diversion face aux conflits politiques et sociaux. Ce nouveau *Panem et Circenses* (« Du pain et des jeux ») vise la dépolitisation. Le spectacle sportif est une aliénation des masses. Il endort la conscience critique. Le sport est alors pensé comme un « opium du peuple », sorte de puissant narcotique des spectateurs « crétinisés » (Brohm, 1992, 2006).

Troisièmement, pour Brohm le spectacle sportif a une fonction d'embrigadement. C'est un facteur de mobilisation chauvine en temps de paix. Le spectacle organise systématiquement l'identification entre un pays et ses champions. Or les champions sportifs se situent très majoritairement à droite de l'échiquier politique. L'auteur suggère une concordance psychopolitique[3] entre les structures caractérielles des sportifs de haut niveau et les idéaux du capitalisme. À ce titre le spectacle du sport serait un puissant véhicule de l'idéologie de droite, la politisation du sport s'accompagnant de la « sportivisation » du monde social.

Mais les textes de J.-M. Brohm ont, à leur tour, subi un ensemble de critiques visant à rendre plus difficilement tenable sa position.

2. Le retour de Hong-Kong à la Chine, en 1999, a entraîné des modifications sociales et politiques importantes dans cette ville.

3. Concordance entre le caractère et l'idéologie politique.

Premièrement, le sport n'est pas au service exclusif des États totalitaires. Les rencontres sportives peuvent être de puissants catalyseurs des revendications contestataires. C. Bromberger rappelle ainsi qu'en 1958, l'équipe du FLN[4], composée de joueurs célèbres ayant déserté le championnat de France a fait des tournées dans le monde pour défendre la cause de l'Algérie. Quelques mois après la victoire de l'équipe de football d'Argentine en 1978, dont la junte militaire escomptait effectivement tirer des bénéfices idéologiques, un ensemble de manifestations se déroula dans les stades où les mêmes supporters scandaient *« Se va acabar, se va acabar, la dictatur militar ! »* (« elle va se terminer, elle va se terminer, la dictature militaire ») (Bromberger, 1998). La Coupe du monde de rugby en Afrique du Sud a été l'occasion pour Nelson Mandela de faire valoir un pays sans apartheid et pratiquant la politique du pardon[5]... On pourrait multiplier les exemples et il est clair que le spectacle du sport n'est pas, en soi, une régression fascisante. D'ailleurs, si le sport déclenche une telle passion, c'est que comme le note A. Ehrenberg (1991) en citant Da Matta : « Nul ne peut être promu vedette en sport par sa famille, par son compère ou par décret présidentiel. Il faut y faire ses preuves ; c'est une expérience rare dans une société dans laquelle celui qui est bien né est né tout fait. »

Deuxièmement, les spectateurs ne sont pas les marionnettes fanatisées, soumises à la loi des foules (c'est-à-dire ayant abdiqué toute conscience individuelle) décrites par J.-M. Brohm. Ni plus ni moins que quiconque les amateurs de sports ne sont des « idiots culturels » incapables de distance sur leur propre engagement partisan.

Troisièmement, les sportifs de haut niveau sont peut-être majoritairement de droite mais les grandes figures emblématiques du sport français offrent une répartition plus équilibrée sur l'échiquier

4. Front de libération nationale, luttant pour l'indépendance.
5. C'est le thème du film de Clint Eastwood, *Invictus* (2009) ; voir p. 165 et page couleur V.

politique. Pour un Bernard Laporte, un Pierre Villepreux et un Daniel Herrero, pour un David Douillet, un Yannick Noah, pour un Guy Drut, un Roger Bambuck, pour un Jean-François Lamour, un Lilian Thuram… Une des raisons du succès du spectacle sportif c'est de montrer qu'il faut de tout pour faire un monde.

Quatrièmement, on ne peut ignorer que le sport contribue au processus de pacification des mœurs décrit par Norbert Elias[6]. Dans son modèle évolutionniste, l'auteur montre que les progrès de l'autocontrainte de la violence individuelle connaissent au cours des siècles plusieurs grandes étapes. La plus importante (Elias, 1973) reste le passage de la société féodale (où la puissance économique des seigneurs dépend de leur puissance militaire) à une société de cour (où le roi devient le seul détenteur de la violence). La « curialisation[7] » des chevaliers contribue à leur domestication. La révolution industrielle, va, au XIXe siècle, constituer une autre étape décisive. Entre l'homme et la matière, il n'y a plus seulement des outils avec lesquels on peut taper tout son saoul, mais des machines dont il faut prendre grand soin. Il convient donc d'apprendre à se contrôler. Puis vient le sport qui, pour Elias et Dunning (1994), parachève ce long processus. En effet, d'une part, le sport demeure certes dans notre société un des rares lieux « soupape » où tout citoyen peut légitimement exercer une violence qui lui est refusée le reste du temps. Mais d'autre part, le sport n'est pas uniquement un lieu de régression, car la violence qui s'y exprime n'est ni absolue ni totale ; elle doit au contraire jouer avec la règle, d'où sa fonction de « décontrôle contrôlé » de l'individu. Les premières lignes au rugby peuvent se donner sans vergogne des coups de tête à chaque entrée en mêlée, cela ne leur donne pas le droit pour autant de se

6. Sociologue allemand (1897-1990) dont les travaux portent sur l'évolution de la civilisation. Un texte de lui figure p. 131.

7. Néologisme utilisé dans les sciences sociales et désignant l'extension des pratiques de la cour à l'ensemble de la société.

faire justice eux-mêmes s'ils sont victimes d'un hors-jeu. Tyson peut échanger avec Hollyfield[8] autant de coups de poings qu'il veut, cela ne lui donne pas pour autant le droit de lui mordre l'oreille.

Si l'on se passionne tant pour les rencontres sportives et leurs champions c'est parce qu'elles permettent de discuter de la grandeur et de ses principes moraux. Loin de proposer une éthique rigide, le spectacle sportif est le lieu où se retracent en permanence les lignes de démarcation entre l'admirable, le banal et l'intolérable.

8. Boxeurs américains.

Pour analyser le document

1. Reformulez le premier argument de J.-M. Brohm et dites ce qu'ont en commun les exemples historiques donnés.

2. Quelles sont les deuxième et troisième fonctions du sport, selon J.-M. Brohm ? Quel phénomène d'interférences réciproques le quatrième paragraphe souligne-t-il (l. 41-50) ?

3. Dans la deuxième partie du texte, étudiez comment le contenu des trois premiers paragraphes s'oppose aux arguments de J.-M. Brohm. Explicitez le contenu de l'avant-dernier paragraphe (quatrième argument).

Thèmes de réflexion, d'exposé ou de débat

1. Identifiez et présentez en quelques lignes (spécialité, fonction, appartenance politique) trois personnalités au choix du monde du sport citées dans les lignes 82 à 85.

2. Présentez sous forme de tableau de trois colonnes : les différents arguments qui figurent dans le texte de Pascal Duret ; les contre-arguments qui leur sont opposés ; le domaine concerné par chacun d'eux. Concluez en identifiant la tonalité des deux prises de position, celle de J.-M. Brohm et celle de ses contradicteurs, notamment N. Elias.

3. Le sport est-il « *politiquement neutre* » ?

4. Le spectacle sportif est-il une « *aliénation des masses* » ?

Une course mythique, le marathon

Plusieurs légendes entourent la course de fond appelée Marathon. À l'origine, il s'agit d'un parcours d'une quarantaine de kilomètres effectué à la course par un certain Philippidès, soldat grec. Selon certains, ce soldat parcourut cette distance pour annoncer à Athènes, en 490 avant J.-C, la victoire terrestre, à Marathon, des Grecs sur l'armée perse. Épuisé, il serait mort à l'arrivée, après avoir délivré son message. Selon d'autres, en particulier l'historien Hérodote (484-420 avant J.-C.), il devait demander du secours aux Spartiates, mais il n'obtint rien. Il est d'ailleurs peu probable qu'il ait pu atteindre la ville de Sparte.

Cette épreuve de course a été admise aux Jeux Olympiques lors de leur restauration par Pierre de Coubertin, en 1896. La distance de 42,195 kilomètres a été fixée en 1908, aux Jeux de Londres, et définitivement admise en 1921.

DOCUMENT 46

ROMAN

JEAN ECHENOZ (né en 1947), ***Courir*** (2008). © Éditions de Minuit.

Avec Courir, *le romancier Jean Echenoz retrace certains épisodes marquants de la vie et de la carrière sportive d'Émile Zatopek, coureur de fond tchèque, brillant vainqueur de nombreuses compétitions. Cette vie et cette carrière se trouvent étroitement liées au statut politique de la Tchécoslovaquie, république socialiste dépendant de l'URSS jusqu'en 1989. L'extrait donné ici évoque les conditions de vie de la population après la Seconde Guerre mondiale dans les années 1950-1955.*

N'importe quand, n'importe qui peut se retrouver dans une prison ou dans un camp, pour des raisons qu'en général il ignore. Il s'y retrouve la plupart du temps moins pour ce qu'il pense que parce qu'il gêne quelqu'un ayant le pouvoir de l'y envoyer. Chaque jour, des quatre coins du pays, des centaines de lettres arrivent à la Sécurité d'État qui attirent, avec beaucoup d'obligeance et d'imagination, l'attention de celle-ci sur tel camarade, collègue, voisin, parent, dénoncé dans le cadre de la conspiration contre le régime.

Voilà, nous en sommes au point que nous avons connu, sous une forme un peu différente, il n'y a même pas dix ans. Personne n'osant plus se parler ni s'écouter, on se fuit méthodiquement les uns les autres, on ne se connaît plus même au sein des familles. La presse est ligotée comme jamais, comme jadis, l'écoute des radios étrangères exposant à de sévères représailles. La terreur s'étant ainsi confortablement installée dans les consciences, le choix est simple : se taire et se résigner ou se joindre aux démonstrations d'approbation fanatique du régime et au culte du président Gottwald[1] – une bonne planche de salut consistant aussi à adhérer au Parti qui, en quelques mois, a grossi de plus d'un million de nouveaux membres dont, il faut bien le dire, Émile.

Qu'on n'aille pas croire qu'Émile est un opportuniste. Qu'il croie sincèrement aux vertus du socialisme est une chose indiscutable, mais une autre non moins discutable est qu'il est difficile, là où il en est, de faire autrement. Il sait qu'il a sa place dans le collimateur et que déjà, dans les sphères penseuses du pouvoir, on se plaît à se demander en toute logique si la situation de grand sportif populaire ne relèverait pas de l'individualisme bourgeois, l'adoration malsaine pour un athlète faussant gravement l'idéal stakhanoviste[2].

Émile, bien que par précaution l'on préfère toujours le cacher, le prétendre en petite forme, fatigué voire malade, Émile n'en démord cependant pas. Comme Heino[3], ressorti en grondant de ses forêts profondes, s'empare à nouveau du record mondial des dix mille mètres, Émile le lui reprend cinquante-deux jours plus tard, laissant

1. Président de la République tchèque de 1948 à 1953.
2. Axé sur l'augmentation du rendement.
3. Coureur rival de Zatopek.

ses adversaires si loin derrière que le second termine avec quatre tours de retard. Sur cinq mille et dix mille, décidément Émile demeure l'homme le plus rapide du monde.

Quelques mois plus tard, en Finlande, il pulvérise encore à ce point son propre record des dix kilomètres que le public, à la première annonce du résultat, refuse d'y croire et reste muet. Lorsque ce temps est confirmé, se déclenche un ouragan d'enthousiasme qui se prolonge sans mollir pendant vingt-cinq minutes. Le silence revenu, Émile fait son petit tour d'honneur à la vitesse d'un bon quatre cents mètres, comme si rien ne s'était passé. Et comme toujours quand on le félicite, il assure n'y être pas pour grand-chose, attribuant son exploit à la qualité de la piste et à la température idéale des pays nordiques. Et puis de toute façon, assure-t-il, les exploits individuels n'ont guère d'importance. Ce qui compte, c'est attirer les masses laborieuses sur les stades. Voilà ce qui importe. Bien sûr, Émile, bien sûr, cette forte pensée t'honore.

Bref il continue de gagner presque toujours, sous la pluie, sous la neige, sous un vent glacial, il les laisse tous derrière lui, partout. Presque partout. Car, dans les réunions d'Europe orientale regroupant l'URSS et les pays satellites, dans les grands rallyes communistes à Berlin-Est, Budapest, Bucarest, Varsovie, ou bien quand il part s'entraîner en Crimée, là, évidemment, pas de problème pour le laisser quitter Prague. Par contre lorsqu'il est invité ailleurs dans le monde réputé libre, entendez asservi au grand capital, ce qui arrive très souvent puisqu'on le demande partout, pas question. D'ailleurs ce n'est même pas lui qui répond qu'il refuse, c'est sa fédération. D'ailleurs celle-ci, guerre froide aidant, ne daigne répondre que rarement.

Même au cross de *L'Humanité*[4] à Paris, qui présente de solides garanties sur le plan idéologique et fait venir les meilleurs athlètes

4. Journal du Parti communiste français.

du bloc socialiste, même là on ne le laisse pas aller. C'est aussi qu'on se méfie, et on a des raisons. Prenons par exemple un nommé Bacigal, jeune étudiant tchécoslovaque, excellent coureur de demi-fond qu'on avait laissé partir courir ce cross de *L'Huma*. Eh bien voici que l'idée lui a pris de ne pas rentrer à Prague, de rester à Paris et demander je ne sais quel asile plus ou moins politique. Très fâcheux précédent. Très vif mécontentement de la fédération puis des sphères supérieures. Mais bon, sans doute a-t-on dû réagir en douceur, prendre des mesures et engager des techniciens car ce jeune Bacigal, le temps d'obtenir un permis de séjour et d'adhérer au Racing Club de France, très vite on n'entendra plus jamais parler de lui.

Il ne faudrait surtout pas que de tels désagréments se produisent avec Émile, aussi le soigne-t-on de près, l'extrayant parfois de sa retraite pour l'exhiber, le mettre en scène jusqu'à lui organiser des numéros personnels, sans concurrents. À l'occasion de la Journée de l'armée tchécoslovaque, devant cinquante mille personnes au stade militaire de Strakov, on le fait ainsi courir tout seul pendant la mi-temps de la finale du tournoi de football. Puis aussitôt après il disparaît[5].

5. Il ne revient pas sur le stade.

Pour analyser le document

1. Caractérisez les conditions de vie de la population : par quels termes désigne-t-on un régime qui prive de liberté, pratique la dénonciation, se débarrasse de ses opposants en les internant dans des camps de travail, en fait disparaître certains ?

2. Quelles sont les relations d'Émile avec le pouvoir politique ? Distinguez ce qui, dans son attitude et dans ses propos, relève de l'obligation, et ce qui est sincère.

3. Trouvez dans le texte tout ce qui illustre la mainmise de l'État sur le sport et sur les sportifs, en particulier sur Émile Zatopek.

AFFICHE DE FILM

Affiche du film de **CLINT EASTWOOD**, ***Invictus*** (2009), avec Morgan Freeman et Matt Damon. © Warner Bros. Pictures/Collection Christophel. (→ CAHIER COULEUR, p. V).

En 1995, soit quatre ans après la fin de l'apartheid en Afrique du Sud, et dans le contexte d'une réconciliation difficile entre Noirs et Blancs, l'équipe nationale de rugby, sport de la société blanche, remporte, de manière inespérée, grâce aux efforts des joueurs et à la persévérance de Nelson Mandela alors président, la Coupe du monde. Cette victoire des « sprinboks » est perçue par tous, Blancs et Noirs, comme un pas important dans le rapprochement des communautés. Le titre du film qui rapporte cet événement signifie « invaincu » ; il est extrait d'un poème de William Ernest Henley, célébrant la force d'âme qu'il faut pour changer un destin, surtout à l'échelon national.

Pour analyser le document

1. Énumérez les différentes composantes de l'image.

2. Comment est traduite, dans la composition de l'affiche, l'importance accordée à chacune des composantes humaines ? Quelles en sont la signification et la portée symbolique ?

3. Sur quel(s) pouvoir(s) du sport l'image met-elle l'accent ?

Thèmes de réflexion, d'exposé ou de débat

1. Le sport peut-il rester à l'écart du pouvoir politique ? Cherchez des réponses à cette question en vous appuyant sur des exemples précis.

2. En quoi le sport peut-il constituer la « vitrine » d'un régime ou d'une idéologie politique ?

Histoire, politique et sport

Rappel de quelques dates qui montrent que la plus grande manifestation sportive du monde n'est pas à l'abri des problèmes et des décisions politiques et idéologiques.

- 1894 : **restauration des Jeux Olympiques** par Pierre de Coubertin.

- 1936 : **Jeux Olympiques de Berlin**. Ils sont interdits aux Juifs. La victoire d'un athlète noir américain, Jesse Owens, qui remporte quatre médailles d'or en athlétisme, apporte un démenti aux théories raciales d'Hitler. Ces Jeux sont aussi l'occasion d'une gigantesque mise en scène du nazisme, prélude aux grandes démonstrations qui auront lieu dans les années suivantes.

- 1968 : **Jeux Olympiques de Mexico**. Deux athlètes noirs américains, médaillés au 200 mètres, Tommie Smith et John Carlos, lèvent leur poing ganté au moment de la remise des médailles, et refusent de regarder le drapeau américain en signe de protestation contre la politique ségrégationniste des États-Unis.

- 1972 : **Jeux Olympiques de Munich**. Des membres du groupe armé Septembre noir prennent en otage l'équipe israélienne. Onze athlètes de cette équipe sont tués au cours de l'assaut destiné à les libérer.

- 1980 : **Jeux Olympiques de Moscou**. Les États-Unis et des pays occidentaux, parmi lesquels la France, refusent de participer aux Jeux après l'invasion de l'Afghanistan par les Soviétiques.

- 2008 : **Jeux Olympiques de Pékin**. Plusieurs pays refusent d'être présents à la cérémonie d'ouverture de ces Jeux pour protester contre le non-respect des droits de l'homme en Chine.

Sport et intégration

Par son caractère **collectif** – il touche plusieurs personnes à la fois – et **éducatif** – il est censé former au fair-play, au respect de l'adversaire, apprendre la persévérance, la patience, le courage... le **sport** semble constituer un outil efficace d'**intégration sociale**, en même temps que son utilisation fait ressortir les problèmes de racisme, d'exclusion et de manque d'espoir qui caractérisent certaines cités.

Des initiatives variées. Depuis les années 1980, de nombreuses initiatives, multipliées à la suite de la Coupe du monde de 1998, ont été mises en place par les pouvoirs publics et les fédérations pour favoriser l'insertion sociale d'adolescents privés à la fois de repères sociaux et d'image valorisante d'eux-mêmes. Parmi les différentes idées figurait celle de développer la pratique du football – parce que c'est le sport le plus populaire – autour d'une personnalité capable d'offrir aux jeunes un **exemple de réussite** et de les faire réfléchir sur un certain nombre de comportements applicables au sport et à la vie. Le texte d'Yvan Gastaut (→ DOCUMENT 49, p. 169) récapitule certaines de ces initiatives, qui ont en commun de regrouper des jeunes issus de communes et de communautés différentes, de leur donner l'occasion de confrontations vraiment sportives susceptibles de canaliser des énergies parfois mal maîtrisées. 1998 et l'image consensuelle de la nation française dite « black blanc beur » ont montré le poids du sport et son effet **fédérateur**, mais aussi la **fragilité** d'une image détruite en quelques années.

Des résultats fragiles. En effet, *La Marseillaise* sifflée et le match France-Algérie interrompu en 2001 rappellent que l'intégration est un travail de longue haleine, auquel peut contribuer le sport, élément indispensable mais pas suffisant. Et le texte de Fatou Diome (→ DOCUMENT 48, p. 167) joue le rôle de contre-exemple en montrant ce à quoi aboutit l'espoir insensé de jeunes Africains rêvant de devenir des professionnels en France : de multiples tracasseries administratives et une absence de considération. Entre l'image du champion et le sort du jeune émigré, la distance reste immense.

DOCUMENT 48

ROMAN

FATOU DIOME (née en 1968), ***Le Ventre de l'Atlantique*** (2003), chapitre 14.

De nombreux jeunes Africains rêvent d'émigrer en Europe et d'y faire une carrière de footballeur. C'est le cas de Madické, qui vit sur l'île de Niodior, et dont l'espoir est de retrouver en France sa sœur Salie, narratrice de l'histoire.

La victoire de l'équipe nationale du Sénégal en quart de finale de la Coupe du monde de 1998 conduit Salie à évoquer ce qui attend les candidats au départ.

Là-bas aussi[1], on avait appris que vingt et un des vingt-trois joueurs sélectionnés pour l'équipe nationale évoluent en France. Après tous les motifs couramment invoqués par les jeunes de l'île pour justifier leur désir d'émigrer, ce constat n'allait-il pas devenir l'ultime poutre destinée à consolider le fondement de leur choix ? Maintenant qu'il était prouvé aux yeux du monde que nos sportifs, qui rendent au pays sa fierté, vivent en France, avec quel argument pouvait-on empêcher nos jeunes de penser qu'ils devaient, eux aussi, aller chercher leur réussite dans ce pays ? Aujourd'hui plus que jamais, la nécessité de franchise incombe aux immigrés, même à ceux d'entre eux qui sont nimbés[2] de l'aura de la réussite. Il ne s'agit pas de dégoûter les nôtres de l'Occident, mais de leur révéler le dessous des cartes. Et je me mis à rêver de conférences, lors desquelles chacun de nos Sénefs[3] raconterait ouvertement la part amère de sa vie en France. Je voudrais qu'ils décrivent à leurs frères les cendres froides de la cheminée d'où jaillit la flamme victorieuse qui déchire les ténèbres de l'exil. Je voudrais qu'ils racontent comment à Guingamp, Lens, Lorient, Monaco, Montpellier, Sedan ou Sochaux – où ils jouent – les mêmes qui les acclament lorsqu'ils marquent un but leur font des cris de singe, leur jettent des bananes et les traitent de sales nègres lorsqu'ils ratent une action ou trébuchent devant les filets adverses.

Que nos admirables joueurs disent à leurs fans du pays, qui rêvent de les rejoindre dans les clubs européens, comment certains d'entre eux passent le plus clair de leur temps à cirer le banc de touche,

1. Sur l'île de Niodior.
2. Ornés par la gloire.
3. Nom des joueurs de l'équipe nationale du Sénégal.

quand ils ne sont pas utilisés comme bouche-trous, obligés de subir un contre-emploi pour permettre aux titulaires de jouer. « On ne monte l'âne qu'à défaut de cheval », dit le paysan.

Faites circuler le micro ! Que nos héros expliquent à leurs frères le poids des papiers : la France qui revendique leurs exploits ne leur accorde, bien souvent, qu'une carte de séjour temporaire. De même que nous sommes obligés de renouveler régulièrement notre abonnement antivirus d'ordinateur chez Symantec, certains sont tenus d'aller faire réactualiser leur visa antiexpulsion au pays. Chaque année, ils doivent glisser une part de ce que leur rapportent leurs buts dans l'escarcelle de l'ambassade, pour avoir le droit de respirer au pays des Droits de l'homme.

Pour analyser le document

1. Quel est précisément le thème du texte ? Quels problèmes – toujours d'actualité – aborde-t-il ?

2. Quelle importance revêt le fait que les joueurs de l'équipe nationale évoluent en France ? Quelles en sont les conséquences ?

3. La narratrice souhaite prévenir son frère en lui parlant de *« la part amère de la vie en France »*. En quoi consiste cette « part » ? Reformulez les reproches adressés à la France et précisez quelle est leur tonalité.

DOCUMENT 49

ARTICLE DE REVUE

YVAN GASTAUT, ***Cahiers français***, n° 320 (mai-juin 2004), *Sport et société*, « L'intégration par le sport, réalités et illusions ». © La Documentation française.

Dans un article des Cahiers français, le sociologue Yvan Gastaut aborde la question de l'intégration par le sport tout en rappelant que si de nombreux efforts ont été faits, la réussite reste partielle et fragile…

La mise en scène de l'intégration dans les stades n'a cependant pas attendu les performances de l'équipe de France[1]. Parallèlement au déroulement de la Coupe du monde[1], plusieurs manifestations ont célébré les bienfaits du football en matière de relations interculturelles. L'opération « Banlieues du monde » a proposé un tournoi de football entre jeunes de trente villes françaises et étrangères aux abords du Stade de France à Saint-Denis. Les « nuits antiracistes de la Coupe du monde » organisées conjointement par SOS-Racisme et le ministère de la Jeunesse et des Sports, avaient été conçues dès 1996. Dans le même sens, « Cité foot », pilotée par une association SINER'J de Saint-Quentin-en-Yvelines[2], a rassemblé 150 équipes de jeunes de treize ans, tous issus des quartiers sensibles pour une compétition inter-quartiers. Le Mondial était l'occasion de porter un regard différent sur les banlieues en démontrant qu'elles pouvaient engendrer autre chose que l'exclusion : tel était le souhait de la ministre de la Jeunesse et des Sports, Marie-Georges Buffet pour qui cet événement devait être une fête à la fois dans les stades mais aussi dans les cités. L'initiative « Ivresse du monde » était orientée vers les quartiers « difficiles » des dix sites où se sont déroulés les matches en organisant des manifestations à caractère culturel et festif à des fins de valorisation.

Dans ce contexte, le public des stades a sensiblement changé d'attitude : moins de violence, plus de tolérance au niveau des clubs de supporters désormais plutôt cosmopolites comme au Parc des princes, lieu sensible en matière de racisme. Dirigeants et promoteurs du spectacle sportif se montrent plus attentifs à une éthique de la lutte contre l'exclusion, conscients des mutations d'un public aux origines culturelles plurielles.

1. Il s'agit de la victoire en Coupe du monde de football en 1998, puis de celle en Coupe d'Europe, en 2002.
2. Ville nouvelle à l'ouest de Paris.

« Zidane président ! », pouvait-on voir projeté sur l'Arc de triomphe au soir du 12 juillet 1998. Cette popularité, réitérée par un sondage réalisé en janvier 2004 faisant du meneur de jeu de l'équipe de France la personnalité préférée des Français, confirme le statut de plus en plus marqué des champions sportifs, comme des symboles d'excellence sociale. À travers Zinédine Zidane, il s'agit aussi d'un symbole d'intégration.

Mais gare à l'illusion d'intégration : la vedette d'origine étrangère peut aussi n'être considérée que comme le cache-misère d'un processus illusoire. L'échec à la Coupe du monde 2002, et l'incident du Stade de France en octobre 2001 lors du match France-Algérie arrêté à la suite de l'invasion du terrain par des jeunes issus de l'immigration, après que *La Marseillaise* eut été copieusement sifflée, ont plutôt desservi les discours sur l'intégration par le sport.

Pour analyser le document

1. Qu'ont en commun (nature, objectifs...) les différentes opérations et manifestations visant à intégrer les jeunes des banlieues ?

2. Quels ont été les effets, à différents niveaux, des multiples initiatives évoquées ?

3. Quels faits rappellent que les effets restent fragiles ? Comment cela peut-il s'expliquer ?

Thèmes de réflexion, d'exposé ou de débat

1. Comment le sport, qui est bien souvent générateur de violence (voir à ce sujet le chapitre IV), peut-il contribuer à l'intégration sociale ?

2. Comment le sport peut-il favoriser les relations interculturelles ?

3. À propos de l'équipe de France de football en Afrique du Sud, en 2010, on a beaucoup parlé de responsabilité et d'exemplarité. Quelles valeurs les sportifs ont-ils le devoir de défendre ?

ESSAI

MICHEL FODEMBI, ***Le Sport en France*** (2008), « Sport et intégration ».

En tant que moteur de progression sociale dans une conception darwinienne, le sport est considéré non seulement comme un instrument d'intégration rendu efficace par les événements sportifs mondiaux, mais comme un outil de lutte contre le racisme et de développement de la cohésion sociale.

L'instrumentalisation des sports au XXe siècle s'inscrit dans cette logique : la pratique sportive servirait à retrouver et à diffuser ce qui serait aux fondements de l'existence et de la nature humaine : l'esprit de compétition.

Cette tendance se renforce encore en France à partir des années quatre-vingt, avec le développement du discours néo-libéral. Ici, le sport incarne progressivement une vision du monde qui s'accorde avec les thèses du darwinisme social : « Les lois de la sélection naturelle sont alors confondues avec les lois du marché : les unes comme les autres, par l'élimination des faibles et la survie des plus aptes, conduisent à l'harmonie des espèces et au développement[1] ».

Constructions idéologiques, ces discours sont repris par les divers acteurs – politiques, éducatifs, sociaux – et largement diffusés par les médias. À l'occasion de la Coupe du monde de 1998, le quotidien Le Monde titrait « L'effet Coupe du monde de football favorise l'intégration des jeunes » et affirmait : « Dans les cités, le sport peut favoriser la formation des citoyens à la vie en société ». L'ancien président de la République Jacques Chirac a, à de nombreuses reprises, utilisé la métaphore sportive et l'image des sportifs vainqueurs pour mettre l'accent sur la France qui gagne et sur le caractère exemplaire du sport (permettant le dépassement de

1. Citation de Bruno Jobert et Bruno Théret.

soi, dans un monde de concurrence juste), où tout un chacun peut réussir, à l'instar de l'équipe de France de football (sous-entendu : pour peu qu'il s'en donne la peine et les moyens).

Dans son discours « Oser le sport » du 30 mai 2006, Nicolas Sarkozy présente cette activité comme parée de pouvoirs essentiels (pour l'individu et pour la France). Il indique ses vertus thérapeutiques (« prévention et traitement de certaines maladies »), éducatives et pédagogiques (« le sport enseigne la persévérance et l'acceptation de l'inévitable alternance entre l'échec et la réussite [...][2]. En mettant chacun devant ses limites physiques, sans pouvoir se retrancher derrière les artifices du savoir, de la richesse ou du langage, le sport révèle les qualités profondes de l'être (le courage, le goût du risque, la volonté, le dépassement de soi) », et de cohésion sociale (« Ce qui est capital [...][2] c'est que le sport reste cet espace unique de sociabilité où les Français de toutes conditions, de toutes origines et de tous milieux sociaux se rencontrent et partagent les mêmes efforts et les mêmes émotions. Alors que la ségrégation sociale et urbaine ne cesse de s'aggraver, les clubs de sport et les compétitions sportives sont parmi les derniers lieux où l'on n'est rien d'autre [...][2] qu'un être qui transpire, qui souffre, qui gagne ou qui perd ; un homme ou une femme qu'on aide parce que, dans le sport, on gagne tous ensemble ou l'on perd tous ensemble »). Le sport est présenté comme une activité que tout individu a intérêt à pratiquer afin d'être mieux portant, mieux éduqué et mieux intégré. Il servirait aussi à lutter contre le racisme et à construire la cohésion sociale par le moyen de sa pratique effective (« La victoire de la France lors de la Coupe du monde de football de 1998 a fait beaucoup de bien à notre pays. L'équipe black-blanc-beur a montré que la diversité était une richesse. Mais elle n'a pas empêché, quatre ans plus tard, que *La Marseillaise* soit sifflée au Stade de France.

---

2. Les coupes dans le texte ont été faites par l'auteur de l'essai, Michel Fodembi.

Le sport n'est pas facteur de cohésion sociale par procuration. Il l'est par la pratique effective. C'est en poussant tous les Français à faire plus de sport ensemble, quelles que soient leurs origines, que nous ferons reculer le racisme, grandir la fraternité et progresser la cohésion sociale »).

Pour analyser le document

1. Expliquez en quoi la conception du sport présentée dans les lignes 5 à 11 correspond à un *« darwinisme social »*.

2. Identifiez dans la suite du document et donnez sous forme de liste les vertus qui sont reconnues au sport. Précisez à qui appartiennent les points de vue énoncés.

3. Montrez quels sont, dans le texte, les obstacles à l'intégration et à la cohésion sociales.

Thèmes de réflexion, d'exposé ou de débat

1. Le sport peut-il, à lui seul, rendre *« mieux portant, mieux éduqué et mieux intégré »* ?

2. Sport et racisme : quelles relations contradictoires existent entre les deux termes ?

3. Pourquoi les hommes politiques s'intéressent-ils particulièrement au sport ?

4. Dans un débat contradictoire, envisagez ce que l'on pourrait appeler les « vertus » du sport, sur le plan individuel et sur le plan collectif, puis faites apparaître ses dangers et ses limites, notamment dans le domaine politique.

5. Le sport a-t-il une « couleur » politique ?

ESSAI

ALFRED WAHL, ***L'Esprit sportif aujourd'hui*** (2004), « Le football, dernier vecteur d'intégration ? © Encyclopaedia Universalis.

Le sport comporte de nombreuses vertus éducatives, comme le montre le sociologue Alfred Wahl, mais encore faut-il mettre en place des structures, ce qui nécessite l'intervention de l'État.

Le sport peut être un lieu d'apprentissage de la discipline, du sens collectif, du respect des règles. Il existe des indices qui plaident en faveur du recours au sport pour favoriser l'intégration des jeunes des banlieues. Ils correspondent aux hypothèses établies sur le mode de socialisation de l'individu. Dans cette perspective, la pratique associative et sportive s'apparenterait à tous les autres lieux traditionnels de socialisation où les jeunes s'approprient les normes de comportement. Le club serait comme une société en miniature, une nation en réduction. Les valeurs collectives véhiculées par le sport seraient transférées dans la vie sociale, par imprégnation, donc de façon implicite.

Ces valeurs et règles sont repérables. Ainsi, la pratique implique le respect impératif de règles, de l'autorité arbitrale, même si celle-ci est injuste. La pratique d'un sport d'équipe comme le football est une école de discipline et d'apprentissage du sens collectif. Elle crée de nouvelles sociabilités au sein du club. Elle enseigne aussi que la vie comporte des contraintes par le respect des horaires de l'entraînement, de la solidarité entre équipiers. Le footballeur prend ainsi l'habitude, par imprégnation, de respecter des règles imposées de l'extérieur. Cette règle peut se transférer ensuite dans sa vie sociale. La conviction que le sport a une valeur sociale n'est pas infondée.

L'intervention de la puissance publique

Au début des années 1980, l'État puis les collectivités territoriales impulsent une politique encourageant la pratique sportive dans les banlieues, après les incidents survenus dans le quartier des Minguettes à Vénissieux près de Lyon. Il s'agit de ramener l'ordre public et, en s'appuyant sur la réceptivité dont bénéficient les jeux sportifs chez beaucoup de jeunes, de faire du sport un moyen de substitution au travail, faute de pouvoir agir assez sur l'emploi. Cette politique bénéficie toujours du soutien d'une opinion résignée aux méfaits du chômage : selon une enquête de 2003, le sport est perçu comme le troisième lieu d'intégration, après l'école et le travail. On demande donc au sport, en somme, de pallier les conséquences désastreuses des défaillances des politiques publiques.

Ainsi, les sports, le football notamment, sont devenus des moyens parmi d'autres pour guérir les maux de la société, y compris les tensions communautaires et les problèmes liés à l'ethnicisation[1]. Mais les actions mises en œuvre par la gauche, après 1981, pour éviter de nouveaux « étés chauds » ne visent pas seulement à préserver l'ordre public. Elles sont aussi axées sur la pratique du football qui doit permettre de restaurer la socialisation, de recréer le lien social et la citoyenneté.

À partir de 1981, les actions se multiplient, y compris au niveau des collectivités. L'État instaure, puis reconduit des programmes sociaux sous le nom d'Opération Prévention Été (OPE) afin de lutter contre le désœuvrement qui touche les banlieues pendant l'été. Il prend ainsi à son compte la conviction que le sport est bien l'outil de substitution et l'arme de reconstitution du lien social. Dès lors, les initiatives se succèdent, comme la création de la Délégation interministérielle à la ville pour laquelle le recours au sport doit fournir la réponse aux nouvelles flambées de violence.

En 1991, le ministère de la Jeunesse et des Sports met en place la structure J Sports afin d'organiser des événements sportifs. Par

1. Le fait d'appartenir à une ethnie, à une communauté, et de devoir s'adapter à une culture différente.

ailleurs, dès 1985, les villes prennent le relais en désignant chacune un adjoint chargé des sports. La municipalité de Strasbourg, par exemple, a engagé un ancien footballeur professionnel dont la mission consiste à recréer une sociabilité dans les quartiers difficiles par le biais d'une pratique sportive semi-institutionnelle. Après l'abandon de l'expérience, la ligue d'Alsace a récupéré le projet et poursuit des opérations conçues dans un cadre plus institutionnel. Elle s'est dotée d'un conseil régional de l'éthique qui doit veiller au respect des valeurs du sport.

Dépourvu, après 1981, de la gestion de l'éducation physique au profit du ministère de l'Éducation nationale, le ministère de la Jeunesse et des Sports s'est impliqué dans des politiques d'intégration par le sport. « L'assurance de ses propres capacités, l'apprentissage de la vie en commun, une forme de solidarité vécue, c'est en cela que le sport peut être un vrai facteur d'insertion » déclare en 1993 Frédérique Bredin, alors en charge de ce ministère. De là découle l'encouragement à organiser des colloques et des journées d'études pour évaluer et donc pour légitimer les actions entreprises ou à mener. De 1991 à 1993 surtout, on sollicite les sociologues pour valider l'idée que le sport « possède des vertus intrinsèques » permettant de lutter contre la violence et de favoriser l'intégration.

Pour analyser le document

1. Identifiez et classez les vertus éducatives du sport telles qu'elles apparaissent dans le document (paragraphes 1 et 2).

2. Qu'attend-on du sport sur le plan social ? Quelles sont les différentes initiatives dans le contexte institutionnel ?

3. À partir des années 1980, par qui le sport est-il instrumentalisé ? Quels sont les objectifs de cette utilisation ?

Thèmes de réflexion, d'exposé ou de débat

1. Pourquoi un club sportif peut-il être considéré comme « *une société en miniature* », une « *nation en réduction* » ?

2. État et sport : retrouvez les différents types de relation qui peuvent exister et/ou être mis en place entre le pouvoir politique et le sport.

3. Le sport peut-il « *pallier les conséquences désastreuses des faillites des politiques publiques* » ?

4. Formation sportive et formation civique : le sport fait-il de bons citoyens ?

5. Les sociologues considèrent qu'il est particulièrement difficile de définir le sport. Quelles sont, selon vous, les origines de ces difficultés ?

6. À partir du texte d'Alfred Wahl p. 175, établissez une liste d'opérations envisagées pour « instrumentaliser » le sport et en faire un vecteur de socialisation.

7. Expliquez comment et pourquoi le sport peut aider à l'intégration des jeunes.

8. Quels obstacles le sport peut-il rencontrer dans la démarche d'intégration qu'il met en œuvre ?

9. Dans un texte célèbre[1], Jean Giono critique le sport en le présentant comme « *la plus belle escroquerie des temps modernes* ». Organisez un débat pour prendre position, de manière argumentée, par rapport à ce jugement.

---

1. *Les Terrasses de l'île d'Elbe*, Éditions Gallimard (1976).

Pour s'exercer à la synthèse

1. Rapprochez l'extrait de Jean Echenoz (→ DOCUMENT 46, p. 161) et l'affiche du film *Invictus* (→ DOCUMENT 47, p. 165 et p. V) pour mettre en évidence la nature des relations entre le sport et le pouvoir politique.

2. Rapprochez le texte de Paul Yonnet (→ DOCUMENT 44, p. 152), celui de Jean Echenoz (→ DOCUMENT 46, p. 161) et l'affiche du film *Invictus* (→ DOCUMENT 47, p. 165 et p. V) pour étudier en quoi le sport peut « rencontrer » le pouvoir politique.

3. Confrontez les trois documents (→ DOCUMENTS 44, p. 152, 45, p. 156 et 46, p. 161) pour analyser les différents types de relations établies entre le sport et le pouvoir politique.

4. Rapprochez les documents de Michel Fodembi (→ DOCUMENT 50, p. 172), Alfred Wahl (→ DOCUMENT 51, p. 175) et Yvan Gastaut (→ DOCUMENT 49, p. 169) pour mettre en évidence ce qu'ils ont en commun sur le plan de l'utilisation du sport à des fins d'intégration et de socialisation.

CHAPITRE VI
PERSPECTIVES NOUVELLES

Pour analyser le document : après chaque document
Thèmes de réflexion, d'exposé ou de débat : après certains documents
Pour s'exercer à la synthèse : à la fin de chaque chapitre

« Les sports sont associés à la modernité, c'est-à-dire au temps présent. Ils ont cette caractéristique essentielle de préserver des invariants tout en s'adaptant aux conjonctures, aux événements, aux modes. »

P. ARNAUD, M. ATTALI, J. SAINT-MARTIN, *Le Sport en France* (2008).

Ancrés dans une histoire millénaire, les sports traditionnels ont connu une longue éclipse, puis des **transformations** diverses en relation avec l'évolution de la vie sociale, économique et même politique. On peut citer ainsi l'importance de l'**image**, la recherche du **profit**, des raisons idéologiques. Dans ces conditions, comment penser que les données socioculturelles, la mondialisation et, élément nouveau et inattendu, les **changements climatiques**, pourraient ne pas provoquer de nouvelles modifications dans l'univers sportif ?

Parmi celles que l'on peut remarquer figurent d'une part le développement de sports nouveaux, d'autre part une nécessaire adaptation de certains sports aux modifications climatiques.

Sport et recherche du risque

Des sensations fortes. Parmi les innovations remarquables en figure une dont l'origine remonte à plusieurs décennies : il s'agit de l'émergence de toute une série de sports nouveaux, regroupés sous différentes dénominations très parlantes : **sports californiens** pour leur lieu de naissance, **sports de glisse** pour leur nature, **sports de l'extrême** pour leur dangerosité et les risques qu'ils comportent. Inscrits dans la mouvance idéologique de 1968, ces sports, qui ont mis du temps à se développer et connaissent un succès grandissant, ont la particularité de prôner la **liberté** d'action, la recherche des **sensations fortes**, le refus des **contraintes**, ainsi qu'une attitude délibérément hédoniste, associée à ce que l'on pourrait appeler un **art de vivre**, mais en frôlant la mort. Le spectaculaire, le vertigineux, l'acrobatique, sur ski, skate ou snowboard, VTT, BMX, surf ou kite surf constituent des défis qui relèvent plus du jeu que de la compétition organisée.

Des situations paradoxales. Certains cependant sont désormais reconnus par le comité des Jeux Olympiques, ce qui conduit à une situation paradoxale : comment accepter les **normes** et les **règlements** dans un domaine qui, officiellement, les récuse ? Associés à des marques spécifiques (vêtements, équipements souvent chers), ces sports semblent gagner ceux qui y voient une manière de s'affranchir des contraintes et de la monotonie de la vie, ce qui explique que certains sociologues (→ DOCUMENT 53, p. 186) assimilent leur pratique à des conduites voisines – avec des risques différents, mais bien présents – de celles de la toxicomanie.

Mais pour qui voudrait avoir les sensations sans les risques, il y a les jeux vidéo sportifs (→ DOCUMENT 54, p. 189), autre signe des temps. Ils utilisent le mimétisme, le pouvoir de l'image et le succès de la **console de jeu** Wii. Ils mettent ainsi en scène les **héros réels**, tels Kelly Slater ou Shaun Palmer (→ DOCUMENT 55, p. 192), de compétitions hautement spectaculaires, marquant ainsi définitivement le triomphe des écrans.

DOCUMENT 52

ARTICLE DE PRESSE

JEAN-MICHEL NORMAND et **ACACIO PEREIRA**, © ***Le Monde*** (20/10/1996), « Les sports de l'extrême privilégient les défis personnels ».

À la fin du XXe siècle, on voit se développer de nombreuses activités sportives dites « à risque », sports de l'extrême, acrobaties spectaculaires. Dans un article datant de 1996, Jean-Michel Normand et Acacio Pereira attirent l'attention sur le caractère paradoxal de l'idéologie qui préside à ces choix sportifs.

Le baroudeur défiant la nature seul en plein désert, le surfeur partant à l'assaut de murs de vagues, le parachutiste se précipitant du haut d'un immeuble… Ces images-chocs n'ont pas envahi par hasard la communication publicitaire. La vogue des spectaculaires sports « de l'extrême » (saut à l'élastique, raids-nature, surf des neiges hors-piste, escalade) agit comme un révélateur. Assureurs, sociologues et professionnels du sport s'accordent à reconnaître qu'un nombre grandissant de personnes, les 20-30 ans, en particulier, recherchent les émotions fortes que procure la prise de risques dans la pratique d'un sport, voire dans le cadre d'une activité de loisirs d'apparence ordinaire. Signes distinctifs de ce que l'on appelle fréquemment les sports alternatifs : attirance pour un contact rugueux avec la nature, quête de l'apesanteur, absence de contraintes, recherche individuelle de « tout ce qui permet de se faire peur ».

Ce développement des comportements « à risques » apparaît crûment au travers des statistiques des mutuelles qui assurent les sportifs adhérents à une fédération (des chiffres qui ignorent les accidents survenus dans le cadre d'une pratique individuelle hors structure associative). En 1995, la Mutuelle nationale des sports (3,2 millions de membres) a enregistré 101 décès parmi ses sociétaires alors qu'elle en dénombrait 79 en 1994, 64 en 1990 et 45 en 1986. En dix ans, le nombre de tués a plus que doublé alors que parallèlement le nombre d'adhérents de la MNS diminuait d'un million. [...][1]

« Au nom du toujours plus loin, toujours plus fort, on voit couramment des gens se promener en baskets sur les glaciers ou faire du surf des neiges dans des zones crevassées. Notre vocation consiste aussi à éviter ce genre de choses[2] ». « Derrière toutes ces activités qui privilégient le plaisir immédiat et les sensations fortes, la notion de risque est importante même si elle n'est pas toujours avouée », insiste pour sa part Patrick Dhérot, chef de produit chez Adidas.

Pascal Duret[3], responsable du laboratoire de sociologie de l'Institut national du sport et de l'éducation physique (Insep) estime que

1. Il manque ici un paragraphe qui signale que les dangers viennent actuellement des alpinistes et des escaladeurs.

2. Ces propos appartiennent à J.-P. Constant, chargé des activités liées à la montagne chez le distributeur Décathlon.

3. Des textes de ce sociologue figurent p. 41 et p. 85.

ce « phénomène multiforme, sensible parmi les jeunes plutôt aisés, est bien réel, même s'il ne concerne pas toute la jeunesse ».

Selon lui, « il ne faut pas s'arrêter à la seule notion d'attirance pour le danger : l'autre trait essentiel de ces activités, dont le ressort est le défi personnel, est d'aller à l'encontre de la logique sportive ». Alain Loret, directeur du Centre d'études et de management de l'innovation sportive, partage cette analyse. « La règle, son respect, l'engagement physique avec des objectifs de performance, ne constituent plus le système de valeurs des jeunes qui pratiquent ces sports, fait-il valoir. Aujourd'hui, on privilégie la liberté, l'aspect ludique contre la contrainte disciplinaire. »

C'est dans les années 80 que cette culture sportive alternative a explosé avec l'apparition d'une quarantaine de nouvelles activités regroupées sous le vocable générique de « glisse » alors que, depuis le milieu du siècle, le sport vivait sur ses acquis. « La contestation sociale des années 60 a atteint le sport avec un peu de retard, reprend Alain Loret. Sans doute parce qu'il a été longtemps perçu comme un facteur important d'intégration. »

La rupture est importante. Les nouveaux sports n'ont plus « l'utilité publique » d'autrefois. Les références à la nation, à la loi ne sont plus au centre des préoccupations. Ainsi, le bleu, blanc, rouge du drapeau national sont cantonnés aux disciplines traditionnelles alors que les coloris dominants dans ces nouvelles activités sont le jaune, le vert pomme, le rouge, le violet, « les couleurs psychédéliques[4] de la contestation, que l'on retrouve dans le pop art », analyse Alain Loret.

Même les sports bien ancrés dans la tradition ont subi ce bouleversement. L'alpinisme et l'escalade ont vu arriver de nouveaux pratiquants, dont Patrick Edlinger[5] fut la figure de proue. Il fallait

4. Couleurs vives et bariolées associées à des états hallucinogènes.
5. Patrick Edlinger, né en 1960, était un grimpeur pionnier de l'escalade libre.

s'affranchir des règles, se libérer d'un carcan trop contraignant. L'escalade libre, débarrassée d'un équipement trop encombrant, permettait d'ouvrir de nouvelles voies.

C'est la liberté qui distingue ces pratiques récentes. Tout est permis, du plus saugrenu au plus dangereux, avec un seul mot d'ordre : « prendre son pied ». La presse spécialisée s'est mise au diapason, délaissant peu à peu le compte rendu des compétitions pour mettre en avant les individus. « Ce qui nous importe, explique Denis Bertrand, rédacteur en chef du magazine Snowsurf, c'est de montrer un style plutôt qu'une performance. »

Dans le rang

Marginalisés à leurs débuts, maintenus à l'écart par les fédérations officielles persuadées d'avoir affaire à un phénomène de mode, les sports alternatifs commencent pourtant à rentrer dans le rang. À défaut de remplacer les structures existantes en dehors du skate et du surf d'eau, aucune de ces nouvelles activités n'a été autorisée à créer sa propre fédération, ils prennent pied dans la place. Le wakeboard, une planche de surf tirée par un bateau, a été admis au sein de la Fédération de ski nautique. La Fédération française de cyclisme s'est ouverte aux VTTistes, et même le rebelle comité de snowboard va prochainement intégrer la Fédération de ski.

Tous y gagnent : les fédérations bénéficient d'un sang neuf et augmentent le nombre de leurs licenciés. Les sportifs qui souhaitent progresser dans leur discipline trouvent des structures adaptées. Pourtant, il est à craindre que les adeptes des pratiques « sauvages », de loin les plus dangereuses, ne soient pas prêts à laisser transformer en discipline sportive ce qui pour eux ne reste qu'une forme de jeu.

Pour analyser le document

1. Établissez une liste des « sports de l'extrême » cités dans le document et donnez leurs caractéristiques communes.

2. En quoi ces nouveaux sports diffèrent-ils des sports traditionnels ? Qu'ont-ils de paradoxal ? Quelles sont leurs relations avec le contexte social ?

3. Expliquez en quoi les sociologues, les assureurs et les commerciaux sont concernés par ces nouveaux sports.

Thèmes de réflexion, d'exposé ou de débat

1. Le document datant de 1996, faites une recherche pour savoir si certains sports de l'extrême sont désormais régis par des fédérations qui les soumettent à des règlements précis.

2. Nés après 1968, les sports de l'extrême correspondent à une idéologie qui s'est développée dans les années 1980. Faites une recherche pour déterminer quelles en sont les revendications et les grandes lignes.

DOCUMENT 53

ESSAI

Christian Pociello, ***L'Esprit sportif aujourd'hui*** (2004), « Le sport, un fait social total ». © Encyclopaedia Universalis.

Les nouvelles pratiques sportives qui se sont développées à partir des années 1970-1980 retiennent l'attention des sociologues. Christian Pociello analyse ici leurs différences avec les sports traditionnels et montre la spécificité de pratiques parfois proches, selon lui, de « conduites suicidaires ».

Un « rajeunissement » du système des sports

En France, à l'opposé des sports de la tradition britannique, faits d'affrontements collectifs « durs » (rugby, football, etc.) et de compétitions athlétiques standardisées, qui ont vigoureusement structuré toutes les pratiques corporelles depuis un siècle, des sports nouveaux, puis de nouvelles manières de pratiquer des sports anciens sont apparus dans les années 1970. Ce furent les prémices d'un complet réaménagement du « système des sports » centenaire. Ces innovations peuvent être qualifiées de « sports californiens » pour désigner à la fois leur origine géographique et culturelle, et souligner leur importation datée. Elles se sont, en effet, produites simultanément avec l'émergence d'une culture adolescente en voie d'autonomisation et d'abord initiée dans les secousses culturelles de 1968. Ce type de sport inspiré de la culture californienne sied[1] à la jeune génération de la « vieille Europe » qui va succomber, sans complexe, à un rêve d'Amérique alors exaltant…

L'un des axes de développement de ce système est représenté par la poussée des aventures sportives en tout genre et des sports véhiculés de pleine nature qui offrent l'expérience de la mobilité acrobatique et vertigineuse, tout en procurant à leurs pratiquants un maximum de sensations (surf, vol libre, VTT, ski extrême, kite-surf, etc.). Ce n'est pas faire preuve d'une excessive impertinence que de qualifier ces activités de « déséquilibres rattrapés »), de pratiques à dominante « informationnelle », « cybernétique[2] » et « catastrophique », pour les opposer aux sports à dominante « énergétique » de la tradition.

Puis, dans la décennie 1980-1990, le système des sports, saturé de « machines ludiques », et surtout les spectacles sportifs médiatisés ont connu un processus d'entremêlement des deux cultures sportives restées jusque-là étrangères l'une à l'autre et longtemps antagonistes : celle portée par le « culte » de la performance athlétique, et celle portée par le « goût de l'aventure ». Ce dernier prolonge un aspect moins connu du sport anglais, initié dès le XIXe siècle, chez des groupes cultivés, en réaction au développement du sport professionnel spectacularisé, populaire et vociférant. Ils ont élaboré des activités nouvelles de plein air (camping, canoë, alpinisme, etc.) reflétant, en quelque sorte, les habitudes anglaises

1. Convient.
2. La cybernétique est l'étude des processus de communication et de commande chez les êtres vivants dans les systèmes sociologiques et économiques.

du « Grand Tour[3] » projetées sur le plan sportif par les premiers alpinistes et exprimant ces étranges dispositions culturelles des Britanniques « qui vont prendre la planète entière comme espace de jeu ».

C'est l'intérêt nouveau que les médias de masse portent aujourd'hui aux exploits solitaires et aventureux, réalisés au loin par quelques personnalités inépuisables et exceptionnelles, qui va contribuer à peser sur le système de représentations. Le marcheur des Pôles, le rameur du Pacifique ou le nageur de l'Atlantique qui combinent prodiges corporels et incroyable témérité, en sont les paradigmes. Mais les raiders du Paris-Dakar, les skippers solitaires des tours du monde à la voile et ces alpinistes qui, sans rien sacrifier de leurs engagements risqués, sont subitement portés aux prouesses athlétiques, n'en sont pas moins représentatifs. Observons que ces exploits inouïs bénéficient généralement d'un accompagnement scientifique et d'un soutien médical. Ils sont des produits, parmi les plus exemplaires des bouleversements en cours et deviennent les manifestations héroïques les plus prégnantes de cette culture du « dépassement de soi ». Cette quête des limites caractérisant ces sports d'aventure dits « extrêmes » a pu être assimilée à des « conduites ordaliques[4] », à confronter aux comportements toxicomaniaques. Elle a aussi été rapprochée des « fugues adolescentes », comme « enfance de l'aventure (Baux, 1998[5]), ce qui a conduit psychologues et anthropologues à s'interroger sur ces nouvelles activités, en raison de leur développement actuel et de leur impact auprès du jeune public masculin. L'exaltation du sentiment de liberté qu'elle suscite leur permet, au fond, de « griller leur jeunesse » en leur offrant des occasions de « mourir jeune » plus valorisantes que le suicide ou la toxicomanie.

---

3. Voyage en Europe effectué par les jeunes Anglais des classes aisées aux XVIIe et XVIIIe siècles pour parfaire leur éducation.

4. Conduites comportant une prise de risque mortel par laquelle le sujet, en général adolescent, tente de se poser en maître de son destin.

5. Indication du sociologue ayant émis l'idée exprimée et date de l'ouvrage où elle figure.

Pour analyser le document

1. Retrouvez dans le texte (paragraphes 1 et 2, l. 1-26) les caractéristiques des sports dits « californiens ». À quoi s'opposent ces sports ? Quelle est leur origine historique ?

2. Quel phénomène se trouve analysé dans le paragraphe 3 (l. 27-40) ?

3. À quoi s'intéressent particulièrement les médias, en matière d'aventure ? À quoi l'auteur du document assimile-t-il le refus des limites dans les sports dits « extrêmes » ?

Thèmes de réflexion, d'exposé ou de débat

1. Faites correspondre un nom de sportif célèbre à chacun des aventuriers désignés par les périphrases suivantes : *« rameur du Pacifique », « marcheur des pôles, « nageur de l'Atlantique ».*

2. Trouvez d'autres exemples d'aventuriers ayant pris de grands risques et couru de grands dangers ; désignez chacun d'eux par une périphrase spécifiant sa spécialité.

3. En quoi les aventuriers qui se confrontent aux éléments (eau, terre, feu et air) peuvent-ils être considérés comme des « héros » au sens antique du terme (demi-dieux) ?

DOCUMENT 54

ARTICLE DE PRESSE

GUILLAUME FRAISSARD, © ***Le Monde*** (28/12/2008), « Les rois de la glisse ».

Il y a des sports réels, qui confrontent les sportifs à l'air, au sol, à l'eau, à la neige, à la glace... Il y a aussi des sports virtuels, qui se présentent sous forme de jeux vidéo et qui mettent en scène les champions. Le virtuel et le réel se retrouvent ainsi et leur association renvoie aux réflexions sur le sport, le spectacle et l'argent.

Ils défient les vagues et les pentes enneigées avec une aisance déconcertante, quand ce n'est pas sur un vélo BMX ou sur un skate qu'ils se jouent de l'asphalte. Hors compétition, ces sportifs hédonistes[1], héros de la glisse, lancent leur marque de vêtements ou font des apparitions au cinéma ou à la télévision. Depuis une dizaine d'années, ils immortalisent aussi leurs exploits – et leur nom – dans la sphère virtuelle, supposée idéale pour faire partager l'esprit *free ride*[2] de leurs disciplines « extrêmes ».

Tony Hawk, génie américain de la planche à roulette, est sans conteste le champion toutes catégories dans ce domaine. Sur PC ou console, le skateur[3] a confié, dès 1999 à l'éditeur Activision, le soin de gérer sa légende au gré de titres plus ou moins convaincants. Kelly Slater (surf), Shaun Palmer (snowboard), Matt Hofman et Dave Mira (vélo BMX) lui ont depuis emboîté le pas, permettant à ces sports de toucher un nouveau public, à défaut de révolutionner le jeu vidéo. Depuis novembre 2008, c'est au tour de Shaun White de faire ses premiers pas sur écran sous l'égide de l'éditeur français Ubisoft. Jeune prodige de 22 ans du snowboard américain, Shaun White a été médaillé d'or aux Jeux Olympiques d'hiver de Turin en 2006, dans la catégorie Halfpipe (sorte de couloir aux bords surélevés pour enchaîner les acrobaties aériennes). Avec sa chevelure rousse et son large sourire, le jeune homme a tout de la nouvelle icône d'un sport où l'attitude compte autant que les performances.

Les joies simples de la poudreuse

Avec un système désormais classique de défis à relever, le jeu permet de débloquer des parcours, des personnages et d'améliorer considérablement la qualité de son équipement. En fonction des

1. Dont le comportement est orienté vers la recherche du plaisir.

2. Anglicisme qui signifie « pratique libre » et qui définit l'esprit de liberté et d'absence de contraintes des sports de glisse.

3. Sportif spécialiste de « skate » (planche à roulettes).

consoles, Shaun White Snowboarding propose une expérience ludique différente. Pour une prise en main facile, privilégiez la version portable PSP[4] et celle de la Wii[4] (on oublie la DS[4]...). Les fans de l'excellente série de snowboard SSX (développée par Electronic Arts) y retrouveront les joies simples des descentes de poudreuse et des acrobaties que l'on exécute sans trop forcer. Un vrai régal, d'autant que l'on peut y jouer à plusieurs pour des courses vraiment drôles. Avec la Wii, le joueur peut aussi monter sur le Balance Board[5] (celui vendu avec le Wii fit) et se prendre pour un vrai rider sans bouger du salon.

Plus techniques, les versions pour Playstation 3 et Xbox 360 requièrent doigté et patience. Mieux vaut également connaître les termes techniques d'une discipline qui raffole de flip, du carving et autres indy[6]. Reste que la technique n'est pas tout. Le snowboard est aussi affaire de sensations. Là encore Shaun White Snowboarding fait une entrée remarquée, avec des décors soignés et un potentiel ludique qui perdure au-delà des objectifs réalisés.

Mais attention ! Sur pistes ou sur écrans, les glissades peuvent être fatales.

---

4. Termes désignant différents types de consoles de jeux vidéo.
5. Planche livrée avec un jeu vidéo et permettant au joueur de mimer les gestes et les déplacements du sportif.
6. Termes désignant des techniques ou des figures de skate.

Pour analyser le document

1. Le document est consacré aux sports de l'extrême : récapitulez ceux qui sont cités.

2. Qu'ont de particulier les jeux dont il est question dans le document ? Qu'apportent-ils aux joueurs, aux sportifs mis en scène, aux sports concernés ?

3. En quoi les jeux vidéo de glisse sont-ils doublement modernes et illustratifs de notre époque ?

Thème de réflexion, d'exposé ou de débat

Expliquez en quoi les jeux vidéo construits à partir des sports de glisse et de leurs champions rejoignent le thème abordé au chapitre IV concernant le caractère spectaculaire et commercial de certains sports.

DOCUMENT 55

PHOTOGRAPHIE

TONY AVELAR, Joueur de base-ball devant sa télévision[1] (2010). Ph © Bloomberg/ Getty Images (→ CAHIER COULEUR, p. VI).

Il est à présent possible non seulement de retrouver ses champions favoris sous la forme de personnages de jeux vidéo, mais de les imiter en ayant leur exemple, en action, sur l'écran de la télévision. C'est ce que montre l'image de la page VI : on peut, chez soi, travailler ses gestes, comme sur un stade ou dans une salle de sport.

1. Cette photo a été prise lors d'un salon organisé par un développeur de jeux vidéo à Redwood city en Californie, le 20 juillet 2010.

Pour analyser le document

1. Dites ce que représente l'image ainsi que « l'image dans l'image ».

2. Quels vous semblent être les différents intérêts de cette manière de pratiquer un sport ?

3. Qu'est-ce qui manque essentiellement à ce type d'entraînement ?

DOCUMENT 56

CAPTURE D'ÉCRAN

Vol en ULM, page d'accueil du site Internet ***sport-decouvertes.com*** (2011) (→ CAHIER COULEUR, p. VII).

Ce document constitue la page d'accueil du site Internet sport-decouvertes. Ce site propose de nombreuses activités originales qui s'apparentent aux sports de l'extrême. Le vol en ULM en fait partie.

Pour analyser le document

1. Le document proposé est une capture d'écran : dites quelles sont ses composantes et comment se crée un équilibre entre les textes et l'image.

2. Quelles sont les différentes informations apportées par les éléments textuels ?

3. Étudiez l'image et sa composition : disposition des éléments, lignes, couleurs, rapprochement avec les oiseaux. Quelle est la portée symbolique de ce rapprochement ? À quel personnage de la mythologie grecque l'image renvoie-t-elle ?

■ Sport et développement durable

Une autre modification des sports a pour origine un phénomène grave, le **changement climatique**. Au mieux, ce dernier entraînera une nécessaire adaptation de certains sports ; au pire, il risque d'en provoquer la disparition. Comme le montrent les documents 57 (→ p. 194) et 58 (→ p. 197), comment organiser des compétitions de sports alpins lorsqu'il n'y a pas de neige, ou au contraire lorsque grondent les tempêtes ? Comment ramer lorsque la rivière est asséchée ? Une réponse se trouve peut-être dans la proclamation – récente – et surtout dans l'application d'une *Charte du sport pour le développement durable* (→ DOCUMENT 59, p. 197) : il incombe aux sportifs, aux organisateurs, au public, à tous ceux qui sont concernés par le sport, de tenir compte de tous les éléments qui polluent et d'en atténuer la production. C'est là, certainement, un travail de longue haleine, et qui risque d'entraîner des **modifications** profondes, mais c'est aussi l'occasion de mener une **nouvelle réflexion** sur le sport en général, sur ses règlements, ses installations, sa nature, le comportement des sportifs, des spectateurs et des organisateurs. Ce sont là des **perspectives nouvelles** pour lesquelles il est important et urgent de susciter une **prise de conscience**.

DOCUMENT 57

ARTICLE DE PRESSE

ALEXANDER WOLF, article du ***Sport illustrated***, repris dans ***Courrier international*** (supplément du 12 au 18 avril 2007), « Les changements climatiques influent sur la pratique du sport ».

Si de nouveaux sports apparaissent, illustration du refus des limites, d'autres risquent peut-être de disparaître... du fait des changements climatiques. C'est ce que signale un journaliste américain du Sport illustrated, *dans un article repris par* Courrier international.

Le sport nous conditionne à voir d'abord les actions rapides, et, jusqu'à récemment, l'action du changement climatique se déroulait dans la durée, un peu comme une rencontre sportive où le score reste nul. Mais cette perception est en train de changer très rapidement, en particulier chez les skieurs, qui viennent de passer d'un extrême à l'autre dans la même saison. Un certain jour de novembre, il est tombé tellement de neige à la station de Beaver Creek, dans le Colorado, qu'il a fallu reporter l'entraînement de la descente hommes comptant pour la Coupe du monde. Le lendemain, à l'autre bout de la Terre, à la station française de Val-d'Isère, une autre descente de la Coupe du monde était annulée parce qu'il n'y avait pas assez de neige et parce que la météo annonçait la poursuite de températures clémentes. Au total, sept épreuves de la Coupe du monde ont été annulées en Europe pour la même raison. L'équipe américaine de ski nordique est rentrée à la maison plus tôt que prévu après l'annulation, quatre fois en l'espace d'une semaine, d'une compétition, et elle a laissé sur le Vieux Continent des stations de ski qui essaient désespérément d'attirer les touristes en leur proposant des week-ends de remise en forme, des marchés de Noël et des randonnées à savourer en cet « automne indien ».

Le départ de l'une des plus prestigieuses courses de chiens de traîneau au monde, l'Iditarod, en Alaska, n'a pas été donné depuis 2002 à Wasilla, comme le veut la tradition, parce qu'il n'y a jamais assez de neige. L'Elfstedentocht, le marathon de patinage reliant onze villes que les Néerlandais organisent dès que les canaux gèlent, n'a eu lieu qu'une fois depuis vingt ans. Les pistes de ski les plus hautes de la planète, qui se trouvent à Chacaltaya, en Bolivie (à 5 300 mètres d'altitude), seront bientôt impraticables par manque de neige, et les Suisses sont en train d'emmailloter un glacier millénaire dans une couverture isolante comme si c'était un nouveau-né. Le ski de randonnée en Amérique du Nord et la pêche sur glace dans le haut Midwest sont des activités en voie de disparition, et les stations de ski situées au-dessous de 1 200 mètres sont inquiètes.

La bonne nouvelle est que les stades, si on les conçoit en pensant à l'environnement, peuvent être autre chose que des Walhalla[1] symboliques qui nous rappellent que nous sommes tous logés à la même enseigne. Placez-les près d'une station de ligne de transport, et il deviendra moins nécessaire de les doter de ce grand ennemi de la Terre entre tous qu'est le parking (le stade de base-ball plus écolo du pays est sans doute le Fenway Park, car seul un imbécile tenterait de s'y rendre en voiture). De plus, en installant des éoliennes sur des plates-formes surélevées, on pourrait capturer ce vent farceur qui s'amuse avec les balles frappées en chandelle et fournir au moins une partie de l'électricité nécessaire pour un événement sportif. Le Gillette Stadium, à Foxborough, dans le Massachusetts, est déjà équipé d'un système de recyclage de l'eau qui permet de récupérer les eaux usées. Un équipement sportif très courant est déjà prêt à servir notre cause : le parcours de golf. C'est par définition un espace vert protégé et, s'il n'est pas transformé en dépôt de pesticides ou s'il ne sert pas à aligner des villas le long des fairways[2], il fonctionne

1. Séjour paradisiaque réservé aux guerriers morts en héros dans la mythologie nord-germanique.
2. Partie entretenue du parcours de golf entre le départ et le green, mot qui désigne l'espace gazonné autour de chaque trou.

comme un filtre à grande échelle, car l'eau qui s'en écoule est plus propre que lorsqu'elle y arrive. [...][3]

Et c'est peut-être là que réside la grande valeur du sport. Si l'alarme est donnée dans un univers aussi familier et que nous aimons tant, peut-être l'entendrons-nous et en tiendrons-nous compte. En cette époque où presque tout dans notre vie, depuis l'économie jusqu'à la technologie, est linéaire et numérique, le sport continue à évoluer en cycles gracieux et à marquer le rythme des saisons. *« C'est le dernier des calendriers semi-païens qu'il nous reste, poursuit Bill McKibben, et une bonne partie va disparaître. Si les entraînements de printemps ne se font plus en Floride mais plus au nord, les belles phrases de Bart Giamatti [ancien commissionnaire du base-ball, il a décrit ce sport en des termes très bucoliques] n'auront pas le même poids. Nous sommes tellement convaincus que nous pouvons affronter les forces de la nature que nous n'hésitons pas à baptiser nos équipes « les Hurricanes » ou « les Cyclones ». Dans dix ans, il nous semblera tout aussi normal de leur donner des noms tels que « les Fléaux ».*

Dix ans. L'équivalent de deux olympiades et demie. Suffisamment de temps pour que nos sportifs et nos équipes montent en première ligne, enflamment les foules et influencent les comportements. Lorsqu'ils le feront, espérons que nous réagirons en les acclamant et en suivant leur exemple. Mais, pour nous, spectateurs, ce match sera différent. Nous ne pourrons pas nous contenter d'y assister depuis la touche. Nous devrons nous aussi aller sur le terrain.

---

3. Il manque ici un paragraphe faisant référence à un ouvrage intitulé *La Nature assassinée,* écrit par Bill McKibben.

Pour analyser le document

1. Qu'ont en commun les différents exemples donnés dans les paragraphes 1 et 2 (l. 1-25) ? Quelles sont les conséquences possibles de ces situations sur le plan sportif ? Quelles obligations s'imposent au sport ?

2. Quelles sont, d'après l'auteur de l'article, les « bonnes nouvelles » concernant les sports ?

3. Comment est présenté le sport dans le dernier paragraphe ? Quel pourrait être le pouvoir des sportifs ? Expliquez le sens de la dernière phrase et dites en quoi elle est optimiste.

DOCUMENT 58

PHOTOGRAPHIE

Couverture de ***Courrier international*** (avril 2007). Ph. © Ian Kenins/Courrier international (→ CAHIER COULEUR, p. VIII).

L'image de couverture du supplément du Courrier international *du 12 au 18 avril 2007 illustre la nécessité d'une reconversion pour des sports rendus parfois impraticables par les conséquences impressionnantes de certains changements climatiques.*

Pour analyser le document

1. Décrivez l'image et mettez en évidence sa composition ainsi que les relations texte/image.

2. Sur quoi cette image conduit-elle à réfléchir ? En quoi est-elle particulièrement « parlante » et efficace ?

DOCUMENT 59

TEXTE INSTITUTIONNEL

Charte du sport pour le développement durable (2008-2009).

La charte du sport pour le développement durable, *adoptée le 19 mai 2009, date de sa signature, définit un ensemble de huit objectifs destinés à faire entrer le sport dans les démarches et processus de sauvegarde de l'environnement. Elle s'apparente aux chartes adoptées par les entreprises dans le cadre de la loi RES (Responsabilité Environnementale et Sociale).*

L'Agenda 21[1] du sport français explicite les relations que le sport peut et doit entretenir dans une perspective de développement durable. C'est un document de référence qui explicite la promesse faite par le sport en matière de développement durable. Il fallait compléter ce document par définition exhaustif par un document qui exprime, au-delà des promesses, les engagements du sport dans le domaine du développement durable. C'est le rôle de la charte sport et développement durable. Elle met l'accent sur un nombre limité d'objectifs choisis en fonction de leur importance et de la capacité du mouvement sportif à les atteindre. Cette charte s'apparente aux chartes adoptées par les entreprises dans le cadre de la loi RES (Responsabilité Environnementale et Sociale). Elle est d'application volontaire.

Au terme d'une consultation de trois mois, cette charte a été validée par un collège de représentants de fédérations. Elle a été adoptée par le Conseil d'administration du CNOSF[2] du 2 juillet 2008 et signée par l'ensemble des Présidentes et Présidents des fédérations membres du CNOSF à l'occasion de l'assemblée générale du 19 mai 2009.

Elle s'organise autour de 8 objectifs :

Améliorer la gouvernance du sport pour conduire les politiques sportives de manière durablement et socialement responsable. Améliorer la contribution du sport aux politiques de Développement Durable.

Renforcer la contribution du sport à l'éducation, l'épanouissement des hommes et des femmes.

Contribuer à la formation au développement durable.

---

1. Plan d'action pour le XXIe siècle adopté par 173 chefs d'État lors du sommet de la Terre à Rio en 1992. Ce plan s'applique à différents domaines, dont le sport.

2. Comité national olympique et sportif français.

Contribuer à la cohésion sociale et à la solidarité entre peuples et territoires, genres et générations.

Promouvoir dans toutes leurs dimensions les relations du sport et de la santé.

Lutter conte les changements climatiques, promouvoir la sobriété énergétique. « Verdir » le sport, protéger et valoriser ses lieux d'exercice.

Prendre en compte l'environnement à toutes les étapes de la planification, la réalisation et l'utilisation des équipements, des manifestations et des matériels dans une perspective durable.

Renforcer la contribution du sport à une économie durable, à la solidarité sportive internationale et à la paix dans le monde.

Pour analyser le document

1. Récapitulez et classez les différents domaines concernés par la Charte.

2. Quels grands principes et quelles valeurs se trouvent mis en jeu par les différents articles de la Charte ?

3. Déterminez, en fonction du contenu des recommandations, à qui, précisément, elles s'adressent.

Thème de réflexion, d'exposé ou de débat

Choisissez trois recommandations de la Charte et dites, exemples à l'appui, de quelles manières le sport peut contribuer à atteindre l'objectif envisagé.

Document 60

ARTICLE DE PRESSE

Niels de Geyer, © ***Journal du dimanche*** (03/04/2009), « Sport auto et écologie ».

Soucieux d'échapper à des reproches de non-respect de l'environnement, le sport automobile a entrepris des transformations importantes, bien que les voitures de course ne constituent pas, paradoxalement, les sources les plus graves de la pollution.

Relativement peu médiatisé, le World Touring Car Championship (WTCC[1]) se distingue également depuis plusieurs saisons par son engagement environnemental. Depuis le début de la saison, les berlines de ce championnat très disputé fonctionnent au bio-carburant de deuxième génération (tiré de déchets industriels et non plus de cultures vivrières). Essence et diesel (pour les Seat Leon TDI), fournis par le groupe italien Panta, contiennent désormais une part de bio-éthanol qui permet de réduire la consommation de pétrole et les émissions de CO2. L'échappement inclut un pot catalytique, et ne doit pas laisser échapper plus de 110 décibels.

Les initiatives en faveur d'un sport automobile propre fleurissent aussi dans des disciplines de moindre ampleur. L'organisation du Trophée Andros prépare ainsi depuis trois ans le lancement d'une série 100 % électrique grâce aux prototypes successifs d'Andros Cars. Aux mains de Franck Lagorce[2], l'Andros Car 02 a vaincu à la loyale des sprint-cars[3] thermiques l'an passé, et l'Andros Car 03, plus proche de la catégorie Élite par ses performances et ses mensurations, a démontré son potentiel lors de la dernière saison, avec en apothéose une course amicale entre Franck Lagorce et Alain Prost[2]. Dès la prochaine saison (qui débutera en novembre 2009), nous devrions voir s'affronter dix de ces bolides silencieux dans une compétition monotype[4] à part entière.

Contrairement aux apparences, le plus grand défi écologique du sport automobile ne réside pas dans l'amélioration de l'empreinte environnementale[5] des voitures de course elles-mêmes. Aussi considérables soient-elles à l'échelle d'un véhicule de série, la consommation de carburants fossiles[6] et la pollution que tous ces bolides

1. Championnat du monde de voitures de tourisme.
2. Champions de courses automobiles.
3. Voitures de compétition.
4. Compétition à laquelle participent des voitures de même type.
5. Trace quantifiable (le plus souvent négative) laissée sur l'environnement par un être ou un objet.
6. Carburants venus du pétrole, du charbon, du gaz naturel.

engendrent demeurent en effet parfaitement anecdotiques face au bilan carbone global[7] d'un week-end de course, devenu le cheval de bataille du projet de Grand Prix de Flins-les-Mureaux[8] (estimé cinq fois moins prodigue en C02 que Magny Cours[9]).

Le bilan écologique de ces différentes compétitions est grevé avant tout par les besoins énergétiques des infrastructures (notamment les 1 500 projecteurs du Grand Prix de Singapour, disputé de nuit) et des transports qui acheminent matériel et public vers chacun de ces événements. N'en déplaise à certains, cela explique d'ailleurs pourquoi le sport automobile sera toujours infiniment moins polluant que le football, sport le plus populaire de la planète…

---

7. Évaluation de la quantité de carbone rejeté dans l'atmosphère.
8. Circuit automobile proche de Paris.
9. Autre circuit situé dans la Nièvre.

Pour analyser le document

1. Qu'est-ce qui dans la compétition WTCC montre (paragraphes 1 et 2) les efforts de respect de l'environnement ?

2. Quel est le grand défi du sport automobile en matière de respect de l'environnement ? (paragraphes 3 et 4). En quoi est-il paradoxal ?

3. En quoi le football est-il plus polluant que le sport automobile ?

Pour s'exercer à la synthèse

1. Mettez en parallèle l'article de Jean-Michel Normand (→ DOCUMENT 52, p. 182) et le texte de Christian Pociello (→ DOCUMENT 53, p. 186) pour faire apparaître les caractéristiques communes aux sports de l'extrême.

2. Rapprochez les textes de Christian Pociello (→ DOCUMENT 53, p. 186), Robert Redeker (→ DOCUMENT 20, p. 74) et Jean-Michel Normand (→ DOCUMENT 52, p. 182) pour étudier le refus des limites et la volonté de constant dépassement qui animent certains sports modernes et nouveaux.

POUR PRÉPARER L'EXAMEN

La rubrique « Pour préparer l'examen » prolonge la rubrique « Pour s'entraîner à la synthèse » en proposant des sujets complets qui reposent sur des corpus de quatre documents. Certains comportent un libellé qui oriente vers une problématique précise, d'autres ne donnent que la liste des documents, comme à l'examen.

SUJET 1 : HÉROS SPORTIFS

Document 1 : Homère, l'*Iliade* (→ n° 2, p. 16)
Document 2 : H. de Montherlant, *Les Olympiques* (→ n° 13, p. 50)
Document 3 : O. Margot, *Autrement* (→ n° 14, p. 52)
Document 4 : L. Levaillant, *Éric Cantona* (→ n° 15, p. 56)

Écriture personnelle

Le héros sportif, homme ou surhomme ? Répondez à cette question en donnant votre avis personnel appuyé par votre réflexion et vos lectures de l'année.

SUJET 2 : SPORT ET VIOLENCE

Document 1 : P. Fournel, *Les Athlètes dans leurs têtes* (→ n° 36, p. 125)
Document 2 : N. Elias et E. Dunning, *Sport et civilisation* (→ n° 37, p. 131)
Document 3 : J.-C. Ruano-Borbalan, *Sciences humaines* (→ n° 38, p. 133)
Document 4 : O. Le Noé, *Cahiers français* (→ n° 41, p. 139)

Écriture personnelle

À propos de la violence dans le sport, J.-C. Ruano-Borbalan écrit que « *le jeu physique permet à la fois de l'exprimer et de la contrôler* ».
Dites si vous partagez ce point de vue. Appuyez votre réflexion sur vos observations personnelles et sur vos lectures.

SUJET 3 : SPORT ET DÉPASSEMENT DE SOI

Document 1 : A. Jacquard, *Abécédaire de l'ambiguïté* (→ n° 17, p. 64)
Document 2 : I. Quéval, *Libération* (→ n° 18, p. 67)
Document 3 : R. Redeker, *Le Monde* (→ n° 20, p. 74)
Document 4 : P. Duret, *Cahiers français* (→ n° 23, p. 85)

Écriture personnelle

Partagez-vous le point de vue selon lequel, dans le sport, le dépassement de soi est à la fois indispensable et dangereux ? Répondez à cette question en prenant appui sur vos observations personnelles et sur vos lectures.

SUJET 4 : SPORT, ARGENT ET ÉCONOMIE

Document 1 : J. Defrance, *Sociologie du sport* (→ n° 26, p. 95)
Document 2 : V. Troger, *Sciences humaines* (→ n° 27, p. 97)
Document 3 : S. Pivato, *L'Esprit sportif aujourd'hui* (→ n° 30, p. 106)
Document 4 : Dessin de presse de Pichon (→ n° 31, p. 109 et p. III)

Écriture personnelle

Le sport peut-il être indépendant des questions d'argent ? Vous répondrez à cette question en prenant appui sur vos propres réflexions et sur vos lectures.

SUJET 5 : SPORT ET ENVIRONNEMENT

Document 1 : A. Wolf, *Courrier international* (→ n° 57, p. 194)
Document 2 : Image de couverture de *Courrier international* (→ n° 58, p. 197 et p. VIII)
Document 3 : *Charte du sport pour le développement durable* (→ n° 59, p. 197)
Document 4 : N. de Geyer, *Journal du dimanche* (→ n° 60, p. 199)

Écriture personnelle

Pensez-vous que le sport soit concerné par les questions d'environnement ? Répondez à cette question en prenant appui sur vos connaissances, vos réflexions et vos lectures.

Sujet 6 : sport et spectacle

Document 1 : J. Defrance, *Sociologie du sport* (→ n° 26, p. 95)
Document 2 : C. Bromberger et L. Lestrelin, *Le Sport en France* (→ n° 28, p. 100)
Document 3 : O. Margot, *Autrement* (→ n° 14, p. 52)
Document 4 : Affiche pour le match de rugby au Stade de France. (→ n° 29, p. 104 et p. II)

Écriture personnelle 1

Le sport doit-il être un spectacle ? Répondez à cette question de manière personnelle en prenant appui sur vos lectures.

Écriture personnelle 2

Nous vivons, selon le sociologue Guy Debord, dans ce qui est devenu une « société du spectacle ». En quoi le sport participe-t-il à cette modification sociale ? Vous répondrez à cette question en prenant appui sur vos connaissances personnelles et sur vos lectures.

Sujet 7 : sport et dopage

Document 1 : I. Quéval, *Libération* (→ n° 18, p. 67)
Document 2 : P. Yonnet, *Huit Leçons sur le sport* (→ n° 21, p. 80)
Document 3 : P. Duret, *Cahiers français* (→ n° 23, p. 85)
Document 4 : J. Soriano, Photo du Tour de France (→ n° 24, p. 88 et p. I)

Écriture personnelle

Faut-il interdire le dopage ? Vous répondrez à cette question de manière personnelle en prenant appui sur vos connaissances et sur vos lectures de l'année.

FICHES MÉTHODE

FICHE 1 : Déterminer qui parle dans un document textuel

On pourrait penser que toute idée émise dans un document écrit traduit la pensée de l'auteur. Or il arrive que celui-ci formule des idées **qui ne sont pas les siennes**, et avec lesquelles il se trouve même en désaccord. Il est donc important d'**identifier celui qui parle** et de savoir à qui **appartiennent** les idées exprimées.

Dans les documents qui relèvent de la fiction

Il est facile d'identifier qui parle grâce aux **dialogues**, au théâtre, dans le roman ou en poésie : chaque interlocuteur parle en son propre nom, à la première personne. Dans le **récit de fiction** romanesque, la voix qui raconte est celle du **narrateur**, à la première ou à la troisième personne. Celui-ci peut reprendre des paroles de personnages soit directement (avec des guillemets, les temps verbaux et les pronoms personnels du discours direct), soit indirectement, avec une subordination. Le **discours indirect libre** rapporte des paroles à la troisième personne, mais sans subordination et sans que l'on puisse toujours identifier le locuteur, qui est un personnage ou le narrateur. Le narrateur peut aussi laisser la parole à un autre narrateur dans des récits dits « emboîtés ».

■ *Exemples :* dans le texte de Montherlant (p. 50), c'est le *« demi-aile »* qui parle comme le montre la didascalie de la ligne 1. Dans le texte de F. Diome (p. 167), le *« je »* désigne la narratrice. Dans le texte de J. Echenoz (p. 161), celui qui parle est le narrateur. Il s'inclut dans le pronom *« nous »*. Dans le texte de L. Mauvignier (p. 144), diverses voix se font entendre. Les paroles sont en italique, mais il n'y a pas d'indice permettant de les identifier.

Dans les documents n'appartenant pas à la fiction

Dans les essais, entretiens, articles de presse, traités, autobiographies réelles, celui qui parle est l'**auteur signataire** du texte. S'il reprend et expose des idées, des paroles ou des théories qui appartiennent à d'autres, il signale ces différentes **voix**. On distingue ainsi :

– **La citation** : entre **guillemets**, parfois en **italique**, elle introduit dans un texte un élément différent, repris sous sa forme exacte. Son auteur est indiqué dans le texte ou en note.

– **La référence** : sans la citer textuellement, l'auteur d'un texte évoque la pensée de quelqu'un d'autre, soit en la « traduisant », soit en y **faisant allusion** mais sans la reprendre exactement.

– **Le récit intégré** : il arrive qu'un texte d'idées intègre une longue citation narrative, à visée explicative ou argumentative, constituant un récit qui sert de base à la réflexion de l'auteur.

■ *Exemples :* le document 50 (p. 172) comporte plusieurs citations extraites d'un discours du chef de l'État ; dans le document 52 (p. 182), les deux auteurs rapportent le point de vue d'un chef de produit chez Adidas. Enfin, dans les documents sociologiques apparaissent des références comportant le nom d'un chercheur et une date : celui qui parle indique alors la source des idées énoncées. C'est le cas dans le document 53 (p. 186).

Les marques de la subjectivité de celui qui parle

La position de celui qui parle par rapport aux idées qu'il émet est soulignée par diverses marques de **subjectivité** qui expriment l'**adhésion** ou le **refus**, la critique ou l'éloge, ou encore l'**ironie** (→ FICHE 4 p. 212). Ces marques sont des adverbes, des exclamations, l'emploi de certains modes – le conditionnel exprime ainsi le doute – des termes de connotations valorisantes ou dévalorisantes, des figures comme la litote (atténuation) ou l'hyperbole (accentuation). Ils renseignent sur la nature et sur le registre (→ FICHE 4 p. 212) des jugements de celui qui parle.

■ *Exemples :* dans le document 39 (p. 135), J. Julliard utilise un lexique très fortement dépréciatif qui souligne son dégoût du football : *« obscènes empilements de joueurs », « convulsions », « déchéance », « fric », « triche ».* Dans le document 48 (p. 167), la narratrice ironise sur la « patrie des droits de l'homme » qui accepte si difficilement les jeunes immigrants.

FICHE 2 : Identifier le genre d'un document textuel

Les documents qui composent les **corpus de synthèse** appartiennent à des **genres** variés, qu'il faut savoir identifier. Certains de ces genres relèvent de la **fiction**, les autres renvoient à la **réalité**.

Les différents genres, fiction et réalité

Trois grands **genres littéraires**, le roman, la poésie et le théâtre appartiennent à la **fiction**. Les textes d'idées, **essais**, **articles de presse**, **entretiens**, **documents de référence** traitent de la **réalité**. Le roman raconte une histoire, la poésie évoque des sentiments, des émotions liés à des lieux, à des faits, à des actions, le théâtre met en scène des intrigues sous forme de dialogue. Ces spécificités n'empêchent pas ces textes d'exprimer des idées, de manière indirecte, ce qui entraîne parfois des confusions avec les textes d'idées. Ces derniers traitent de **questions de société** ancrées dans l'histoire et dans l'actualité.

■ *Exemples :* le sport est abordé dans des œuvres de fiction comme le roman, *W ou le souvenir d'enfance*, de G. Perec (p. 123) ou *Le Ventre de l'Atlantique*, de F. Diome (p. 167). Il fait l'objet d'entretiens (p. 31) et surtout d'analyses dans de nombreux essais et articles sociologiques.

Les indices qui facilitent l'identification des genres

Avant toute lecture, l'identification du **genre** d'un document écrit peut être facilitée par certains indices et certaines informations.

– **La forme et la disposition graphique** : la poésie versifiée est immédiatement reconnaissable, comme le théâtre en vers.

– **Le titre** : certains titres renseignent sur l'appartenance à un genre : « mémoires », « journal », « courrier », « roman », « tragédie », « chronique », « confessions », « chanson », « préface », « salon ». Certains de ces titres n'indiquent pas, cependant, s'il s'agit de réalité ou de fiction. D'autres, comme *La Politique par le sport* (p. 113), *Sport et civilisation* (p. 131), *Sociologie du sport* (p. 41) orientent vers les essais sociologiques.

– **Le paratexte** : ce terme désigne tout ce qui a été ajouté à un texte pour le situer, c'est-à-dire le titre de l'œuvre, le titre de l'extrait, le nom de l'auteur, les dates diverses (rédaction, publication, traduction), l'indication des interlocuteurs d'un entretien, la situation de l'extrait dans l'œuvre (numéro et titre de chapitre et/ou de grande partie), le nom de l'éditeur, les notes explicatives de bas de page et le chapeau de présentation. On apprend ainsi qu'un texte relève du théâtre par la mention de l'acte et de la scène, qu'il vient d'un quotidien par le titre du journal et le jour de parution, d'un hebdomadaire ou d'un mensuel par les dates et le numéro. On apprend qu'un texte est traduit d'une langue étrangère, quand et par qui. Le chapeau précise parfois le genre. La collection dans laquelle est publié un ouvrage constitue aussi une indication.

■ *Exemples:* grâce au paratexte suivant (p. 131) : **Norbert Elias (1897-1990) et Eric Dunning, *Sport et civilisation : la violence maîtrisée* (1994 pour la traduction française de Josette Chicheportiche et Fabienne Duvigneau), © Fayard**, on connaît les auteurs et le titre de l'œuvre, un essai sociologique, ainsi que sa date de parution. On sait aussi qui en a fait la traduction française et quelle est la date de cette traduction ; on connaît également le nom de l'éditeur français détenteur des droits.

Cet autre paratexte (p. 41): **Pascal Duret, *Sociologie du sport* (2008), chapitre II, coll. « Que sais-je ? ». © PUF**, indique l'auteur, le titre de l'œuvre identifiable comme un ouvrage spécialisé. Nous avons sa date de publication et l'éditeur. L'indication de la collection situe l'ouvrage (une collection petit format d'ouvrages courts très documentés). Le numéro du chapitre situe l'extrait.

Mais Le paratexte ne donne pas toujours le genre d'un document. Dans certains cas, il est indispensable de faire appel à ses propres connaissances. Devant des titres plus ou moins énigmatiques, comme *W ou le souvenir d'enfance* (p. 123) ou *Dans la foule* (p. 144), il est nécessaire d'utiliser la quatrième de couverture pour être plus informé.

FICHE 3 : Les différentes formes du discours

Un énoncé peut prendre différentes **formes** qui renseignent sur la **démarche** de celui qui le produit. L'énonciateur **donne à voir** quelque chose ou quelqu'un ; il **raconte** une histoire, **explique** ou **expose** une notion, une situation, une manière de faire ; il **demande** ou **ordonne** que quelque chose soit réalisé, ou **cherche à convaincre**. On distingue ainsi les discours **descriptif**, **narratif**, **explicatif**, **injonctif** et **argumentatif**. Les identifier permet de mieux comprendre le **sens** et la **finalité** des textes.

Le discours descriptif

Il est caractérisé par la présence de **composantes visuelles**, formes, couleurs, taille, disposition et par le lexique du **regard**. La description montre des éléments en les situant les uns par rapport aux autres. Ces éléments révèlent un **angle de vision** – d'où les choses sont-elles vues ? – et un **point de vue** – que sait celui qui décrit ? – qui en déterminent la tonalité : élogieuse, admirative, critique. La description peut avoir une fonction documentaire, explicative ou symbolique.

■ *Exemple :* on pourrait avoir la description d'un sportif en plein élan ou d'un lieu consacré au sport, comme un stade, une piste de course…

Le discours narratif

Dans le discours narratif, un **narrateur** extérieur ou présent dans le texte raconte une histoire en exposant des **faits** ou des **actions** inscrits dans des lieux et dans le temps, mettant en jeu des **personnages** qui agissent ou subissent. Le déroulement du récit se situe entre un point de départ et un point d'aboutissement, avec une **modification** de la situation initiale. Le **point de vue** et le **registre** (→ FICHE 4 p. 212) choisis influent sur la lecture que fait le destinataire.

■ *Exemples :* dans le texte d'Albert Londres (p. 22), le journaliste **raconte** le départ du Tour de France en 1924 : succession d'actions des coureurs, dans des lieux différents, à des moments différents.

Le discours explicatif ou informatif

Ce discours **expose**, **définit**, **explique**, en général au présent. Il peut prendre la forme d'un article de dictionnaire ou d'encyclopédie, d'un mode d'emploi, d'un dépliant technique. Il est essentiellement **documentaire** et apporte des savoirs. Ses fonctions, même implicites, induisent certaines caractéristiques : le niveau de difficulté des explications, la précision, la clarté du propos, l'absence de **subjectivité**.

■ *Exemples :* on trouve ce type de discours dans le texte de J.-F. Bourg (p. 82 l. 14-23) qui expose les différents produits utilisés par ceux qui se dopent. Les documents chiffrés qui figurent dans cette anthologie et les différentes petites chronologies et encadrés relèvent aussi du discours informatif.

Le discours injonctif

Il exprime une recommandation, un conseil, un ordre ou une défense. Il utilise la deuxième ou la troisième personne, le mode impératif, le subjonctif, l'infinitif et des formulations comme « *il faut* », « *on doit* »...

■ *Exemples :* on trouve des exemples de discours injonctif dans les différentes chartes présentes dans l'anthologie (p. 18 et p. 197). Ces documents regroupent des recommandations précises.

Le discours argumentatif

Ce discours vise à exposer une **idée**, une opinion, une théorie pour en faire valoir le bien-fondé et la faire accepter par un interlocuteur, présent ou non. L'exposé comporte des **arguments** (causes, raisons, preuves) organisés selon différents raisonnements. L'idée soutenue est la **thèse**. Les arguments sont puisés dans différents domaines (histoire, tradition, morale, philosophie...) ; ils peuvent être illustrés par des exemples.

■ *Exemple :* le texte de P. Duret (p. 156) expose les arguments de M. Brohm concernant les relations du sport et de la politique, puis des arguments opposés, point par point.

FICHE 4 : Identifier un registre

Lorsqu'un document – texte ou image – suscite le **rire** ou les **larmes**, émeut, provoque la colère, l'admiration, l'indignation, la critique, on parle de **registre** (ou de **tonalité**). Ce terme désigne la capacité des mots ou des images de faire naître ou d'exprimer diverses **émotions**. Identifier les registres permet de mieux cerner les enjeux et les finalités de certains documents.

Lyrisme et pathétique

On désigne par « **lyrisme** », en relation avec la lyre du poète Orphée, l'expression des **sentiments personnels heureux** – joie, bonheur, gaieté, espoir – ou **malheureux** – chagrin, mélancolie, regrets, amertume, douleur. Le registre **pathétique** est assez proche du lyrisme à cette différence près qu'il s'applique à des situations, des actes ou des paroles qui **provoquent** la **pitié** et les **larmes** du lecteur. Lyrisme et pathétique sont caractérisés par l'emploi d'un lexique de l'**affectivité** et par une ponctuation qui exprime les mouvements de la **sensibilité**.

■ *Exemple :* dans l'extrait de *W ou le souvenir d'enfance*, de G. Perec (p. 123), le traitement des enfants, attachés, séparés de leurs familles, battus, suscite la compassion du lecteur. Les situations sont pathétiques.

Le registre épique

On parle de **registre épique** lorsque le locuteur grandit jusqu'à l'**excès** une situation, une action, un être. Dans le registre épique, tout devient gigantesque, innombrable, démesuré. Cette démesure est exprimée par des superlatifs, des adverbes d'intensité, des pluriels.

■ *Exemple :* dans l'extrait de l'*Iliade*, qui est un poème (p. 16), la course de chars prend des dimensions épiques. Les concurrents font des efforts démesurés pour gagner et l'intervention des dieux confère à la compétition une signification sacrée.

Satire et polémique

Ces deux registres, proches, ont en commun leur **caractère critique**. Le premier caractérise des documents qui **dénoncent** des comportements, des faits ou des êtres en les présentant de manière déformée et risible ; on le trouve dans la **caricature** ; le second définit une manière de s'exprimer **combative**. Celui qui parle **extériorise violemment** ses refus, ses indignations, ses haines. Ces deux registres utilisent des termes fortement dévalorisants, des images péjoratives, des comparaisons dépréciatives. La satire exploite les défauts pour faire rire.

■ *Exemple :* le texte de J. Julliard (p. 135) est polémique dans la mesure où il attaque violemment le football auquel il reproche d'être un spectacle qui rabaisse les êtres humains par son hypocrisie, sa vulgarité et l'appât du gain qui l'accompagne. Le caractère polémique est souligné par la violence des termes utilisés.

Ironie

L'ironie se définit comme le fait d'exprimer le **contraire** de ce que l'on veut faire entendre. L'exclamation « C'est du propre ! » pour désigner un acte répréhensible constitue un exemple. L'ironie repose sur une forme de **décalage** qui nécessite quelques indices pour être comprise sans contresens. Elle met en jeu des **figures d'opposition**, antithèses, antiphrases, paradoxes. Elle a pour fonction de faire réagir, en s'associant souvent au registre polémique et à la satire. Elle est particulièrement associée au rire et à la dérision.

■ *Exemple :* dans l'extrait du roman *Le Ventre de l'Atlantique*, (p. 167), la narratrice ironise en faisant référence à la notion de « droits de l'homme » pour caractériser un pays qui refuse de traiter correctement les sportifs qui composent des équipes importantes, voire l'équipe nationale.

Certains documents ne sont caractérisés par aucun registre, ce qui n'enlève rien à leur valeur ni à leur portée. D'autres en comportent plusieurs.

FICHE 5 : Analyser un texte de fiction

Les corpus de synthèse regroupent des documents parmi lesquels figurent des textes appartenant à la **fiction** : extraits de **roman** ou de **nouvelle**, de **poésie** et de **théâtre**, sketches humoristiques. Ces textes expriment des **idées** et abordent des **problématiques**, mais de manière souvent implicite et **indirecte**.

Textes de fiction et expression des idées

La première vocation du roman, de la poésie et du théâtre n'est pas d'exprimer des idées, mais de **raconter** une histoire, d'**évoquer les sentiments** inspirés par des lieux, des moments, des êtres, des situations, de mettre en scène des personnages **qui parlent**. Ces textes sont cependant représentatifs d'une réalité dont ils s'inspirent et qu'ils recréent en l'imitant. À ce titre, ils sont porteurs de **réflexions**. Ils contiennent et expriment – indirectement – des **prises de positions**, des **points de vue**, des **critiques**, une **idéologie**. Ces différentes formes d'idées peuvent être celles des personnages, des narrateurs, des auteurs.

■ *Exemples :* dans le texte de Montherlant (p. 50), le personnage du « *demi-aile* » exprime, à travers son attitude, l'importance d'une soumission aux règles du jeu collectif. Dans le texte de G. Perec (p. 123), le narrateur expose un dévoiement du sport qui se transforme en véritable barbarie sous l'apparence d'une organisation rigoureuse. On peut lire à travers cette organisation la nature du totalitarisme.

Déterminer le thème d'un texte de fiction

Face à un texte identifié (→ FICHE 2 p. 208) comme un extrait de roman, de poésie, de théâtre, la première démarche consiste à poser la question « de quoi s'agit-il ? » ou « quel est le thème ? ». Derrière ou à travers le récit (dans un roman), l'évocation de sentiments (dans la poésie) et le dialogue (dans le théâtre) se révèle un **thème** identifiable à la présence de nombreux termes de signification(s) proche(s), qui définissent un réseau lexical. C'est le lexique utilisé qui permet de définir ce thème.

■ *Exemple :* La nouvelle de P. Fournel (p. 125) étudie comment on transforme un sportif en « *tueur* », seule condition pour qu'il ait des chances de gagner son combat, animé de haine envers son adversaire, l'homme à abattre.

Identifier les problématiques

Une fois le **thème** déterminé, il est important de trouver la nature, les enjeux et la portée des idées que le texte aborde, de manière souvent **implicite**. Les interrogations sous -jacentes, les questions suggérées, les mises en relation de différentes notions constituent ce qu'on appelle des **problématiques**. Elles sont identifiables à la présence, dans les textes, de points de vue différents, de relations de cause à effet, d'oppositions, de paradoxes, de juxtaposition de notions qui paraissent contradictoires.

■ *Exemples :* dans le texte d'Homère (p. 16), la problématique est la présence des dieux : que représentent-ils par rapport aux sportifs ? Que signifie leur intervention ? Le texte de Montherlant (p. 50) fait ressortir le côté formateur du sport, à travers les sacrifices qu'il impose. Pour celui qui parle, savoir accepter certaines valeurs du sport, c'est savoir reconnaître les valeurs qui sont celles de la vie. Dans *Courir* (p. 161), de J. Echenoz, le narrateur dénonce l'exploitation d'un sportif à des fins idéologiques : celui-ci doit se soumettre à un mode de pensée unique et accepter un régime dictatorial, dont il est en quelque sorte l'otage. La vie d'un sportif se transforme en réflexion sur l'instrumentalisation politique et idéologique du sport.

La **recherche des idées** d'un texte de fiction est à la fois difficile et fondamentale. Il ne s'agit pas de résumer un texte mais d'en faire sortir sa ou ses **significations essentielles**.

FICHE 6 : Analyser un texte d'idées

On désigne par l'expression **textes d'idées** les documents écrits n'appartenant pas à la fiction : **extraits d'essais sociologiques, de dialogues philosophiques, articles de presse, entretiens, documents de référence.** Ils constituent les documents les plus nombreux dans les corpus de synthèse. Les **idées** qu'ils contiennent sont exprimées **directement**.

Caractéristiques des textes d'idées

Les textes d'idées n'ont pas pour vocation de raconter une histoire ou de décrire des gens ou des lieux comme le fait le roman. Même s'ils abordent des situations concrètes, leur fonction est d'**exposer** et de **mettre en relation** des **notions abstraites**, d'expliquer des faits, de proposer des **réflexions**, des **points de vue**, des **prises de position** argumentés. Ils relèvent du discours explicatif/informatif et du discours argumentatif (→ FICHE 3 p. 210), parfois du discours injonctif. Ils peuvent être polémiques et satiriques, ou encore adopter le registre épique (→ FICHE 4 p. 212).

■ *Exemples :* le texte de G. Mermet (p. 37) comporte des chiffres relatifs à la pratique sportive en Europe et commente ces chiffres pour en faire sortir une signification. C. Pocciello (p. 186) analyse l'émergence de nouveaux sports et les rattache à un mode de vie et à une idéologie hérités de mai 68.

Déterminer le thème, savoir qui parle

La première lecture d'un texte d'idées doit permettre de déterminer son **thème global**, par la mise en évidence d'un **lexique dominant** permettant la **réponse** à la question : « de quoi s'agit- il ? »

■ *Exemples :* l'article de R. Redeker (p. 74) analyse l'origine historique (les Lumières) de la notion de perfectibilité, associée à celle d'infinitude pour expliquer la « philosophie » du rejet des limites. P. Yonnet (p. 80) analyse le dopage tandis que P. Duret (p. 85) aborde la question des rapports entre la politique et le sport et O. le Noé (p. 139) celle des relations entre le sport et la violence.

Il est essentiel d'identifier **à qui appartiennent** les idées énoncées (→ FICHE 1 p. 206). Celui qui parle **est** celui qui signe l'œuvre ou l'article, mais il lui arrive fréquemment de reprendre des points de vue ou des paroles qui ne lui appartiennent pas, comme dans le document 45 (p. 156). IL faut alors être très attentif aux allusions à d'autres locuteurs, soit par des guillemets, soit par des italiques, soit par la citation de noms.

Déterminer la structure et la (ou les) problématique(s)

Le texte d'idées confronte des notions, des points de vue, des théories qui ne vont pas nécessairement dans le même sens. Leur identification permet de définir **la ou les problématiques**. Les orientations différentes des idées sont perceptibles à la présence de champs lexicaux qui s'opposent, de figures d'opposition comme les **antithèses**, les **paradoxes**, et d'articulations qui soulignent les divergences : *mais*, *cependant*, à l'*inverse*, *au contraire*… Repérer les mots de liaison aide à découvrir les grandes articulations de la pensée et le type de raisonnement adopté dans un document.

■ *Exemples :* dans le document 45 (p. 156), P. Duret reprend, pour les exposer de manière ordonnée, les arguments de M. Brohm concernant le sport et la politique. Puis dans une seconde partie, il apporte des contre-arguments à la première thèse, en reprenant point par point les arguments. La problématique abordée est celle de l'instrumentalisation éventuelle du sport par la politique. La problématique du document 49 (p. 169) est celle de l'effet des politiques d'intégration par le sport et de leurs limites.

Les textes d'idées comportent aussi des **exemples** qui **illustrent** les idées ou constituent leur **point de départ**. Leur importance vient de ce qu'ils aident à la compréhension des concepts à partir d'éléments concrets et imagés.

FICHE 7 : Analyser une image

Les corpus de synthèse comportent des **images**, photos, reproductions de tableaux, dessins divers, qu'il faut savoir analyser, pour en faire apparaître la ou les significations grâce à certains procédés de mise en valeur, après en avoir déterminé le **thème**.

Dégager le thème d'une image

L'image est saisie globalement par le regard : ce qui est vu – lieux, personnages, attitudes, indices historiques – permet de dire **de quoi il s'agit**. La première démarche relève donc de la description. La réponse à la question « quel est le thème de l'image ? » est souvent facilitée par la présence d'une légende.

■ *Exemples :* le document 4 (p. 21) est une photo qui montre des coureurs cyclistes arrêtés, visiblement à la fin d'une compétition, tandis que le document 24 (p. I) représente des coureurs en pleine action, passant devant une inscription recommandant le dopage au lait. Le document 47 (p. V) représente deux personnages importants, les deux acteurs qui incarnent N. Mandela et le capitaine de l'équipe de rugby lors de la Coupe du monde 1994.

Les procédés de mise en valeur

L'analyse d'une image passe par l'observation et l'identification de procédés de mise en valeur propres à l'iconographie. Parmi ces procédés figurent le **cadrage**, qui impose des limites à la représentation, la nature et la disposition des **grandes lignes**, associées à la **composition**, qui définit la place de chaque élément, selon certaines proportions (gros plan, plan moyen, plan éloigné), les différents **angles de vision** (plongée et contre-plongée, selon qu'on voit de haut en bas ou le contraire), les effets de **perspective**, le rendu des **mouvements**, les contrastes, l'utilisation de la **couleur**. L'image est aussi inséparable de références **symboliques** qui renvoient à la littérature, à l'histoire, à la religion, aux mythes, et qui ont un effet déterminant sur sa ou ses significations.

■ *Exemples :* l'affiche d'*Invictus* (p. V) joue visiblement sur une présentation de face et presque de dos des personnages, ainsi que sur leur disproportion, qui signale l'importance du rôle de chacun : celui qui a eu l'idée, celui qui l'a réalisée. L'affiche pour le match de rugby au Stade de France (p. II) est construite sur une quasi-symétrie des deux groupes, sur une composition rigoureuse, sur des oppositions de lignes. Le dessin de Plantu (p. IV) fait apparaître toutes les composantes du sport, de manière très construite.

La ou les significations d'une image

Le **sens** d'une image vient à la fois des éléments qui la composent, de la manière dont ces éléments sont associés (problématique), et des **procédés** mis en jeu pour attirer l'attention du spectateur sur certains points. Les significations des images sont, selon ce qui est représenté, sociales, politiques, religieuses, philosophiques. Comme les autres **documents**, elles expriment des **idées** dans certains **registres** (→ FICHE 4 p. 212).

■ *Exemples :* par sa composition, l'affiche d'*Invictus* (p. V) attire immédiatement l'attention sur le rapprochement en principe indissociable de deux personnes que tout peut sembler opposer. Leur action commune et le poids symbolique de cette action sont rappelés par la présence du public dans le stade. La victoire est suggérée par le double sourire des personnages. L'image du coureur « s'envolant » grâce aux ailes de la publicité (Michelin, Coca Cola...) est immédiatement comprise : certains sportifs sont transformés en publicités ambulantes ou... volantes. C'est là une manière originale d'attirer l'attention sur les relations sport/argent et sur leurs conséquences. Le dessin de Plantu (p. IV) insiste doublement sur la violence à l'intérieur même des instances sportives : d'une part on voit des officiels se battre alors que rien ne se passe sur le terrain, d'autre part cette violence inacceptable est commentée par un journaliste.

L'association texte/image est souvent révélatrice du sens, qu'elle précise et approfondit. On peut le constater dans le dessin de Berth (p. IV) et dans la photo du Tour de France de 2006 (p. I).

Conception graphique de la maquette : Graphismes
Principe de couverture : Double
Mise en pages : Soft Office - 8 pages couleurs : Graphismes
Iconographie : Hatier Illustration
Suivi éditorial : Évelyne Brossier

Achevé d'imprimer par Grafica Veneta à Trebaseleghe - Italie
Dépôt légal n° 95435-1/01 - Août 2011